1. La naissance des animaux

Observation d'élevages.
Appel au vécu.

1 **Trace des flèches pour indiquer l'endroit où se trouvait chacun des petits de la liste, avant de naître.**

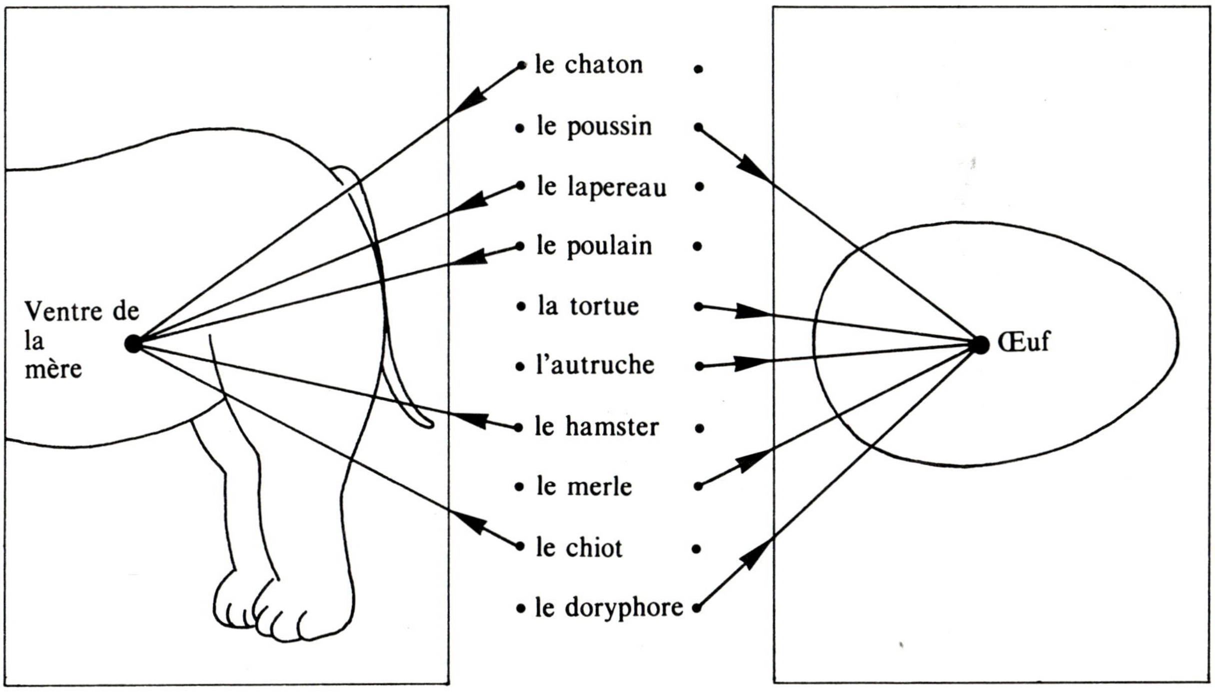

2 **Les chatons : Ta chatte (ou celle de tes amis) a eu des petits.**
A quel endroit est-elle allée se cacher pour leur donner naissance ? ______________

____

A combien de petits a-t-elle donné naissance ? *généralement de 4 à 6.*
Les petits peuvent-ils se déplacer seuls ? *non.*

3 **Si tu as assisté à la naissance de certains autres animaux, dis lesquels :** ______________

____

____

4 **Combien naîtra-t-il de petits merles dans un nid qui contient cinq œufs ?** *sauf accident, il en naîtra cinq.*

Complète la phrase : En attendant l'éclosion, les merles *couvent* leurs œufs.

5 **Le doryphore : Complète la phrase :**
Sur la face inférieure d'une feuille de *pomme de terre*, la femelle doryphore *pond* des œufs serrés les uns contre les autres.
De chaque *œuf* sort une *larve* qui deviendra un dor… adulte.

2. Des animaux se reproduisent

Petits élevages.
Gravures montrant des animaux et leurs petits.

1 Des mâles et des femelles.
Dans ce tableau, écris les noms qui manquent pour reconstituer les familles. ***La chèvre, le chat, le bouc, le poussin, l'oison, la poule, la chatte, le jars, le taureau, le marcassin, le veau.***

Le mâle	La femelle	Le jeune
Le ***taureau***	La vache	Le ***veau***
Le ***bouc***	La ***chèvre***	Le chevreau
Le coq	La ***poule***	Le ***poussin***
Le sanglier	La laie	Le ***marcassin***
Le ***chat***	La ***chatte***	Le chaton
L'oie	Le ***jars***	L' ***oison***

2 Vivipares ou ovipares.
Souligne en rouge le nom des animaux ovipares (qui pondent des œufs), et en bleu le nom des animaux vivipares (qui donnent naissance à des petits vivants).

la coccinelle

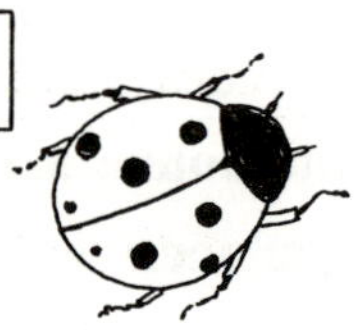

le chien

le lapin

le canard

le chimpanzé

la truite

l'éléphant

3 Complète les phrases :
Les animaux ***vivipares*** naissent complètement formés.
Les animaux ***ovipares*** naissent après l'incubation des œufs.

3. Beaucoup d'animaux soignent et protègent leurs petits

Observation d'élevages.
Appel au vécu.
Témoignages.

1 Les mammifères.
Souligne en rouge le nom des jeunes qui se nourrissent du lait de leur mère.

Complète la phrase : Les *mammifères* nourrissent leurs petits du lait de leurs mamelles.

2 Les oiseaux.

Pour *nourrir* leurs petits, les merles font le va-et-vient toute la journée, entre le nid et *la campagne, le jardin...* Ils leur apportent des *vers, escargots, fruits, etc.*

3 Connais-tu des animaux qui n'alimentent pas leurs petits ? Dis lesquels.

Poissons, grenouilles, vers, escargots, la plupart des insectes (sauf abeilles, fourmis, ...).
Penser au coucou qui pond et abandonne son œuf dans le nid d'un autre oiseau.

4 En mettant une croix dans les bonnes cases, indique comment les animaux de la liste protègent leurs petits contre les dangers.

	Les adultes protègent leurs petits :			
	en les transportant ailleurs	en attaquant l'agresseur	en les recouvrant de leur corps	en faisant cercle autour des jeunes
Les chats	×	×		
Les poules		×	×	
Les crocodiles	×	×		
Les éléphants		×		×
Les chiens	×	×		

4. L'alimentation des animaux

Observation d'élevages.
Appel au vécu.

1 A chacun son régime alimentaire.

Fais une croix dans la case qui convient.

	vrai	faux
La *vache* a un régime alimentaire *herbivore*.............	☒	☐
Le *serin* a un régime alimentaire *granivore*..............	☒	☐
Le *lapin* a un régime alimentaire *carnivore*..............	☐	☒
Un *animal* qui mange de tout est *omnivore*	☒	☐
L'*hirondelle* a un régime alimentaire *insectivore*.......	☒	☐
Le *chat* a un régime alimentaire *frugivore*...............	☐	☒

2 Fais un dessin (ou colle une image) correspondant à la légende que tu écris dans chacune des cases ci-dessous.

L__________ a un régime alimentaire carnivore.	L__________ a un régime alimentaire herbivore.	L__________ a un régime alimentaire insectivore.

3 Aide le gardien du zoo.
Distribue les aliments en traçant les flèches qui conviennent entre la liste de gauche et celle de droite.

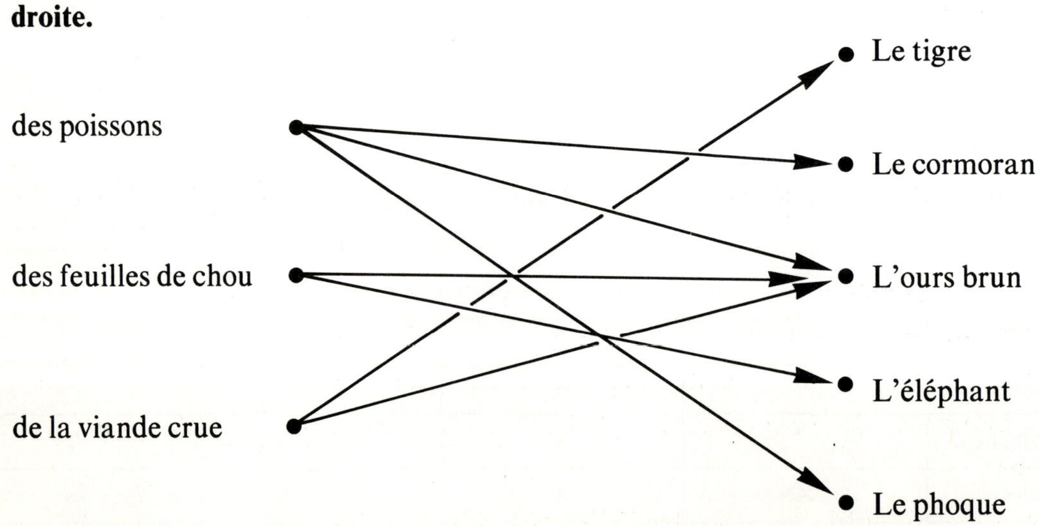

5. Les organes sensoriels Leur rôle

Observation d'un lapin (ou hamster).

1 **Le lapin possède cinq sens : *l'ouïe, l'odorat, la vue, le goût, le toucher.***
Écris dans les cases, le sens qui correspond à chacun des récepteurs sensoriels indiqués par les flèches.

2 **Pour repérer leurs aliments, les animaux utilisent leurs organes sensoriels. Indique, au moyen d'une croix, un sens qui est très développé chez chacun des animaux suivants :**

	l'ouïe	la vue	l'odorat	le toucher
L'aigle		×		
Le lapin			×	
Le chien			×	
La chauve-souris	×			
L'anémone de mer				×
Le lion			×	
L'araignée		×		×
Le pigeon		×		
Le hibou	×			

3 **Les animaux communiquent entre eux.**
Complète les phrases, en ajoutant les mots suivants : *chantent ; meugle ; glousse ; aboie ; lumière.*

La poule ***glousse*** pour appeler ses poussins et les rassembler.
Pour se signaler à leurs congénères, les oiseaux ***chantent*** .
Le chien ***aboie*** pour faire peur à un autre chien.
Le ver luisant et la luciole émettent de la ***lumière*** pour attirer leurs congénères.
La vache ***meugle*** pour appeler son veau.

6. La locomotion chez les animaux

Observation d'animaux en élevages, d'animaux familiers.

1 **Entoure en *rouge* l'ensemble des animaux qui peuvent se déplacer sur le *sol.***
Entoure en *bleu* l'ensemble des animaux qui peuvent se déplacer dans *l'air.*
Entoure en *vert* l'ensemble de ceux qui peuvent se déplacer dans ou sur l'eau.

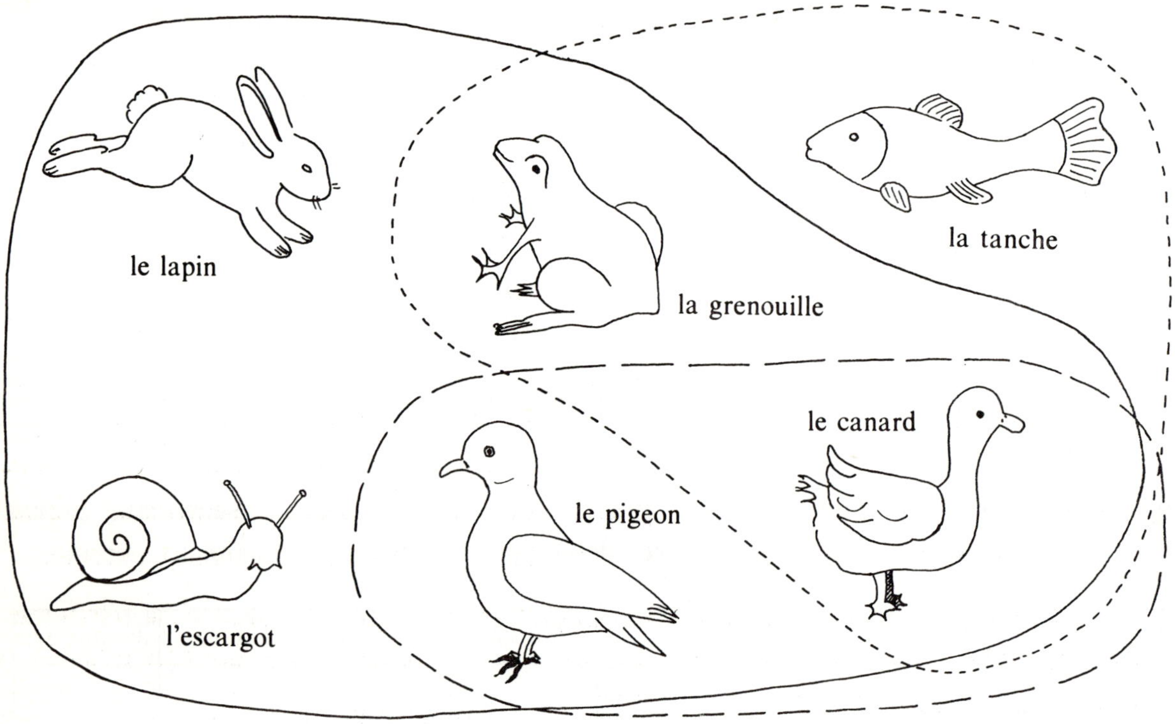

Certains de ces animaux appartiennent à deux ou trois ensembles. Qu'est-ce que cela signifie ? ***Ils peuvent se déplacer dans deux ou trois milieux.***

Connais-tu un mammifère qui vit toujours dans l'eau ? Lequel ? ***La baleine.***

2 **Complète le tableau, en ajoutant les mots suivants dans les bonnes cases : *vole, nage, rame, marche, court, saute, rampe.***
Fais une croix dans les cases où tu ne peux rien écrire.

	sur terre	sur ou dans l'eau	dans l'air
Le lapin	court, saute	×	×
La grenouille	***saute***	***nage***	×
La tanche	×	***nage***	×
L'escargot	***rampe***	×	×
Le pigeon	***marche***	×	***vole***
Le canard	***marche***	***rame***	***vole***

7. Les animaux attaquent et se défendent

Observation d'élevages.
Appel au vécu et aux connaissances.

1 **Pour s'alimenter, des animaux doivent capturer d'autres animaux. A l'aide de croix, indique dans le tableau, comment font ces animaux pour capturer leurs proies. Ajoute deux exemples de ton choix.**

	Ils capturent leurs proies...			
	en les poursuivant	à l'affût	en tendant un piège	en plongeant
Le tigre	×	×		
L'araignée			×	
Le lézard		×		
Le lion	×			
La mante religieuse		×		
Le requin	×			
La mouette				×
L'anémone de mer		×		
L'aigle				×

2 **Pour échapper à leurs prédateurs, les animaux se défendent. A l'aide d'une croix, indique dans le tableau, comment font ces animaux pour échapper au danger. Ajoute deux exemples de ton choix.**

	Ils se défendent...				
	en fuyant	en se cachant dans un trou	en changeant de milieu	en se camouflant	en faisant face
Le lièvre	×				
Le crabe	×	×	×	×	×
La souris	×	×			
La grenouille	×		×		
Le chat	×				×
Le phasme				×	

3 **Complète la phrase :**

A la période de la reproduction, les mâles de certaines espèces animales se *battent* pour la conquête des *femelles*.

Connais-tu des exemples ? Cite-les : *Boucs, sangliers, cerfs, ...*

4 **Un chat a repéré une souris ou un oiseau. Décris la scène.**

Le chat se tient immobile, regarde, écoute. S'il est éloigné de sa proie il s'en approche sans bruit et s'immobilise de nouveau. Soudainement il bondit et attrape le petit animal avec ses pattes de devant.

8 (A). Les plantes naissent à partir de graines

Époque favorable. Septembre.
Matériel : graines de fève, pots, jardinière, terreau, coton.

1 **La graine de fève.**
Observe et dessine.

		attendre que la plantule soit assez développée.
date :	date :	date :
une graine de fève. sa masse en g : ______	une graine de fève, après trois jours dans du coton humide. sa masse en g : ______	la graine ouverte, après ______ jours dans du coton humide.

Dis les transformations que tu constates : ***la graine gonfle, sa masse augmente, l'enveloppe se déchire, la plantule grandit.***

Complète : En présence ***d'eau***, la graine gonfle. La ***plantule*** qui était à l'état de vie ***ralentie*** passe à l'état de vie ***active***.

2 **Observe les évolutions du semis de fèves dans une jardinière emplie de terreau. Dessine et date tes observations. Écris ce qui change.**

Le semis en septembre-octobre permet d'observer l'évolution jusqu'à la floraison et la fructification. date du semis : ______	***germination*** date : ______	***premières feuilles*** datc : ______
plant avec de nombreuses feuilles. date : ______	***fleurs*** date : ______	***fruits (gousses)*** date : ______

On espacera les observations.

8 (B). Les plantes naissent. Des nouveaux plants à partir de bulbes

Époque favorable : rentrée de Toussaint.
Un bulbe témoin à conserver.
Un bulbe à couper.
Un bulbe sur vase à col transparent.

1 **Observe un bulbe de jacinthe entier. Par quoi est-il entouré ?**
Que vois-tu du côté « pointu » ?
Qu'est-ce que les petits filaments que tu vois sous le « plateau » ? Complète les légendes.

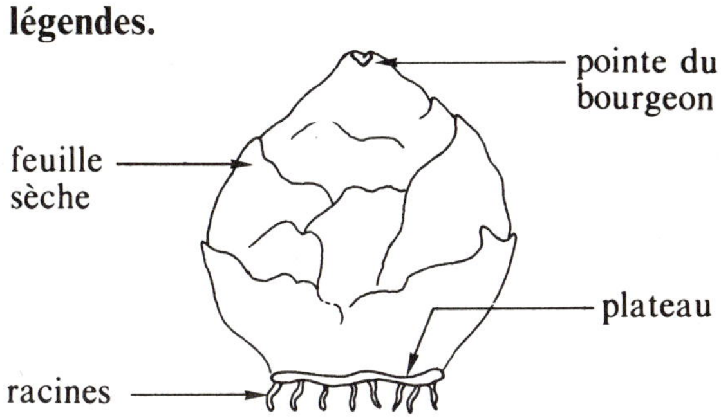

2 **Observe un bulbe de jacinthe coupé. Complète le schéma en le coloriant, et en écrivant les légendes.**

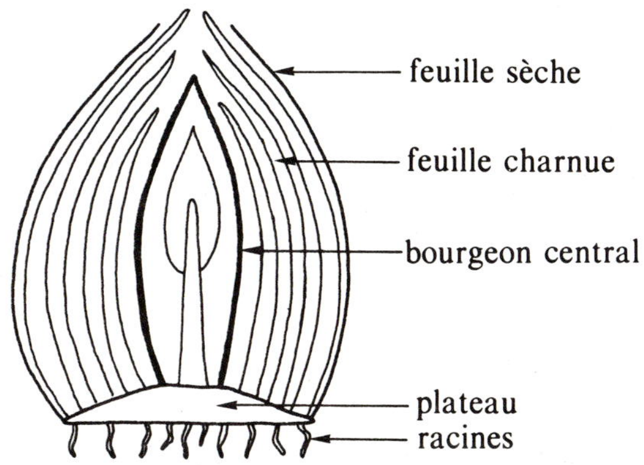

3 **Place un bulbe de jacinthe sur un vase à col empli d'eau. N'oublie pas de compléter le niveau d'eau. Observe et dessine l'évolution de la plante.**

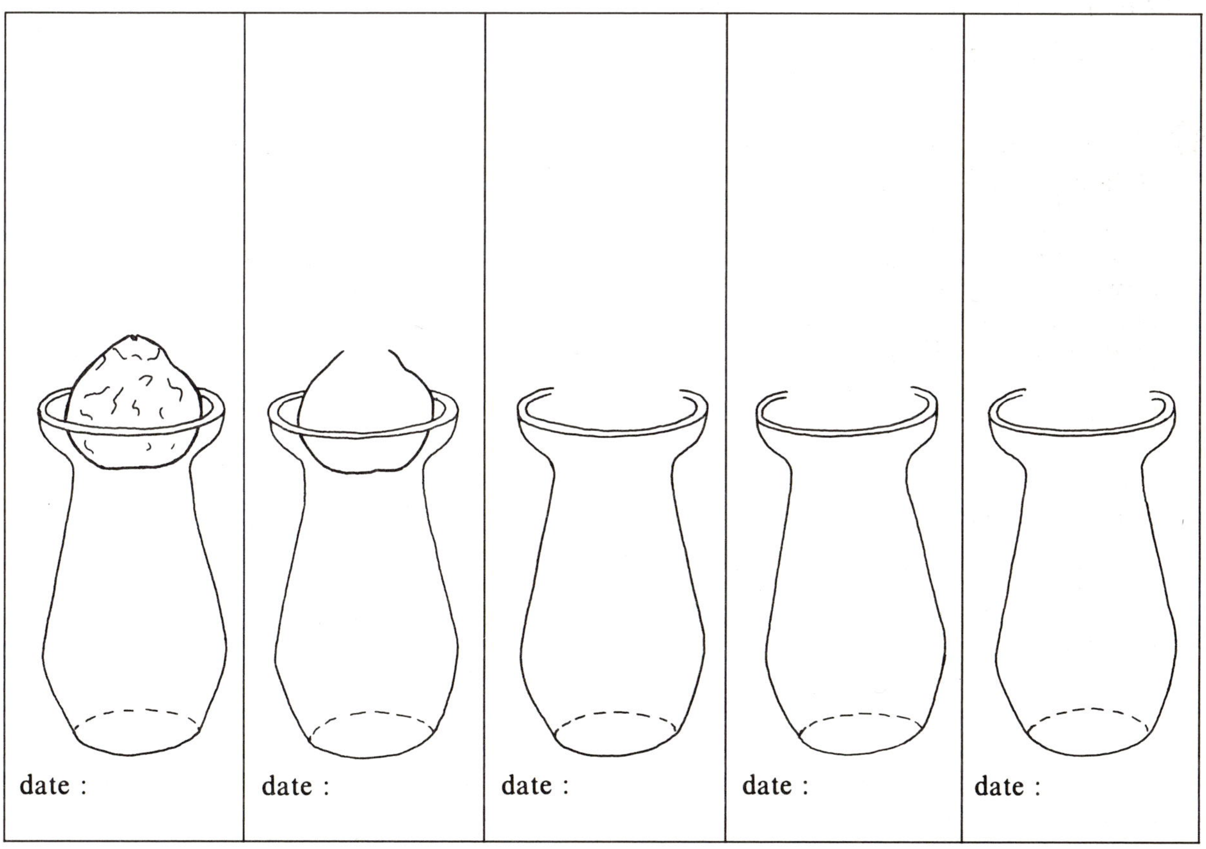

4 **Complète.** Le bulbe de jacinthe contient un ___*bourgeon*___. En présence d'___*eau*___, les ___*racines*___ et le ___*bourgeon*___ se développent. La ___*fleur*___ s'épanouit.

8(C). Les plantes naissent.
Des nouveaux plants à partir de boutures

Matériel : verres, élastiques, papier, fragments de tiges de 6 à 10 cm.
Espèces : coléus, misère.
Supprimer les feuilles de la partie immergée.

1 Réalise des boutures dans l'eau.
A l'aide d'une feuille de papier et d'un élastique, couvre un verre contenant de l'eau. Perce le papier et introduis tes boutures de façon à ce qu'elles trempent dans l'eau. Observe et dessine l'évolution de la plante.

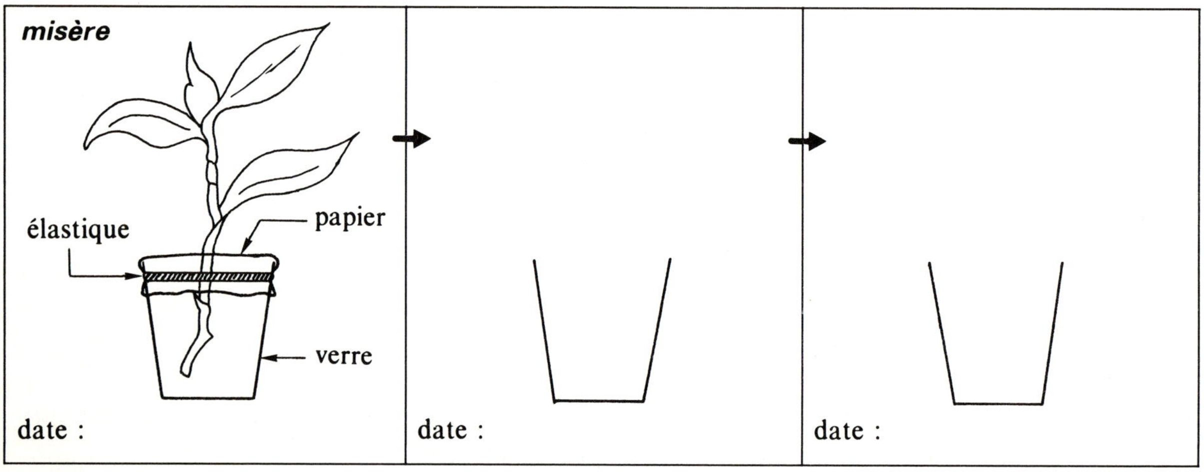

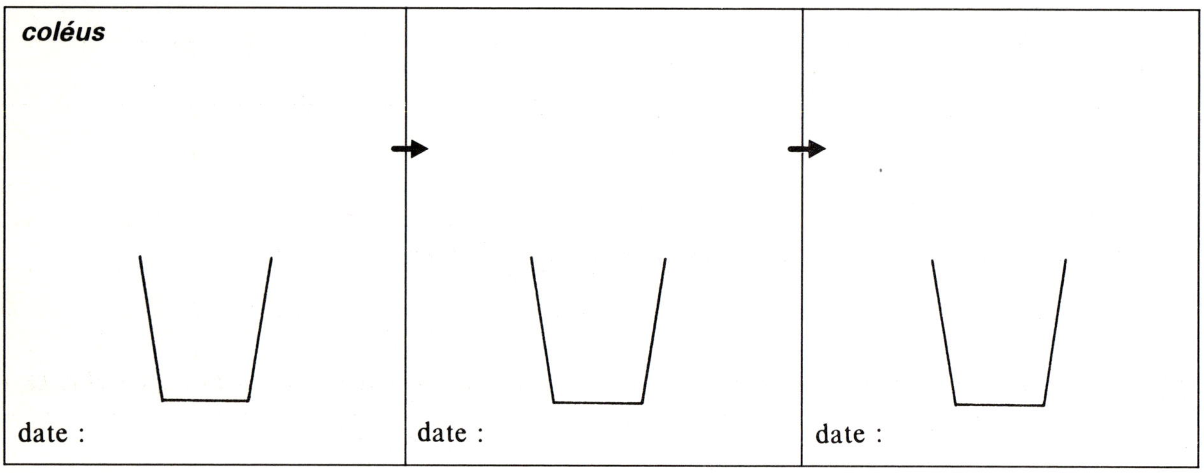

2 Complète les phrases :
Il a fallu _______ jours pour que la bouture de misère développe des racines.
Il a fallu _______ jours pour que la ***bouture*** de coléus développe ***des racines***.

3 Regarde si des racines ont poussé partout sur tes boutures.
Dans quels endroits s'en forme-t-il le plus ? ***plus denses aux « nœuds » et seulement dans la partie immergée.***

4 Décore ta classe.
A la fin de l'expérience, repique tes plants dans des pots contenant du terreau. Ils décoreront ta classe et te serviront à réaliser les expériences des fiches n°s 9A et 9B.

9 (A). Les plantes vivent. Besoins en eau

Matériel : plantes vertes identiques en pot.
Boutures avec racines, cf. n° 8C.
Verres, eau, huile.

1 Les plantes et l'eau.
Expérience : choisis deux plantes vertes semblables, en bonne santé.
Arrose régulièrement la plante n° 1. N'arrose jamais la plante n° 2. Observe, dessine.

La plante qu'on arrose régulièrement.

n° 1 date :	n° 1 date :	n° 1 date :

La plante qu'on n'arrose jamais.

n° 2 date :	n° 2 date :	n° 2 date :

Dis ce que tu constates :
La plante qu'on arrose *continue à vivre.*
La plante qu'on n'arrose pas *se fane, perd ses feuilles : elle meurt.*

2 Place dans ces trois verres, des boutures avec racines. Dessine-les une semaine plus tard.

placer la bouture dans l'eau puis ajouter l'huile (2 cm) pour que les racines supérieures y baignent.

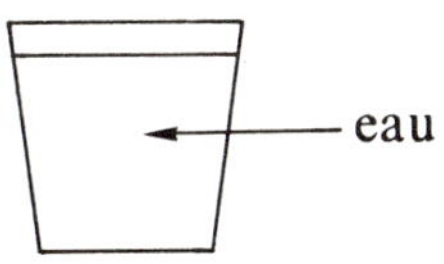

n° 1

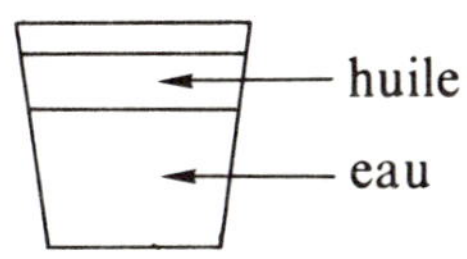

n° 2

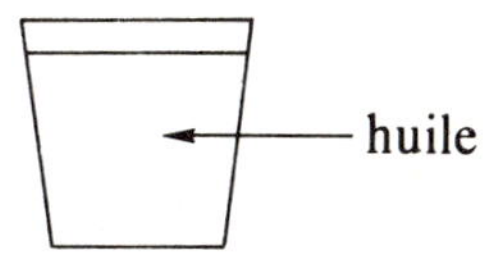

n° 3

Que se passe-t-il au bout d'une semaine ? Interprète tes observations.
N° 1 - développement normal. *N° 2 - la plante se développe mal.*
N° 3 - privée d'eau, la plante meurt.

3 Écris une conclusion.
L'eau est indispensable à la vie des plantes.

9 (B). Les plantes vivent. Besoins en lumière des plantes vertes

Matériel : deux plantes *vertes* identiques en pot. Seau profond opaque. Eau, arrosoir. Dessous de pot.

1 Fais une expérience.
Place deux plantes vertes côte à côte dans la classe. Couvre l'une d'entre elles avec un seau ou une boîte opaque. Ne la découvre que pour l'arroser et l'observer.

Plante témoin. date :	date :	date :	date :
Plante privée de lumière. date :	date :	date :	date :

Note les modifications que tu observes : *La plante témoin vit normalement. La plante privée de lumière meurt : ses feuilles se décolorent.*

Propose une explication : *En absence de lumière, les plantes chlorophylliennes meurent.*

2 Comment le jardinier fait-il pour obtenir des salades blanches ?
En fin de culture, il les recouvre de pots pour les priver de lumière (on peut aussi les ficeler).

3 Pourquoi doit-on conserver les pommes de terre dans un local obscur ?
Si elles sont exposées à la lumière, elles verdissent, et deviennent impropres à la consommation.

4 Connais-tu des plantes qui n'ont pas de chlorophylle ? Dis lesquelles :
Les champignons (penser aux moisissures).

5 Écris une conclusion.
Les plantes qui contiennent de la chlorophylle ne peuvent pas vivre sans lumière.

10. De la fleur au fruit

Matériel : Époque favorable : printemps. Des fleurs de différentes espèces (fraîches et fanées). Pomme. Liaison avec semis fiche 8A nº 2.

1 La fleur de pommier.
Mets les légendes sur le dessin.

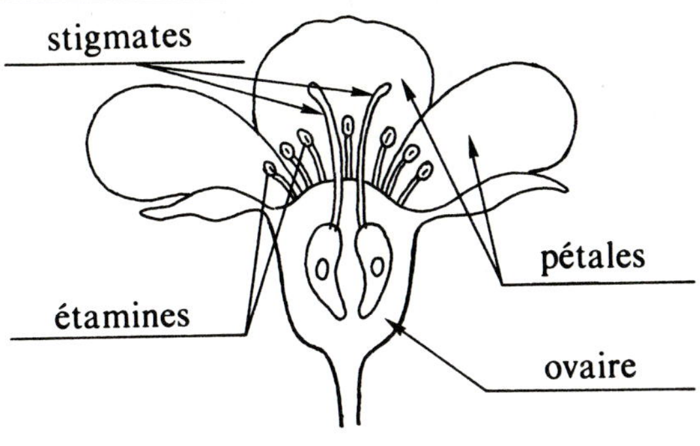

pistil = ovaire + stigmates

2 Observe et dessine une autre fleur.
Indique : *étamines, stigmate, ovaire...*

fleur de *(selon le cas)*

3 La pomme.
Observe une pomme coupée en hauteur.
Complète les légendes en plaçant les mots : *étamine, pépin, stigmate.*

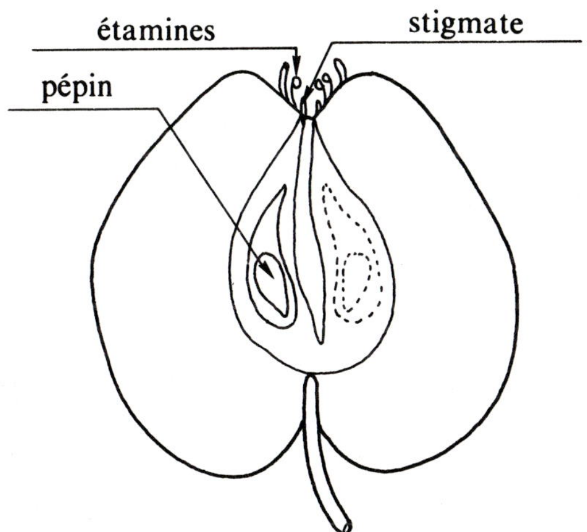

pomme coupée

Observe une pomme coupée en travers.

Combien de logements vois-tu ? 5

Combien y a-t-il de pépins au plus dans chaque logement ? 2

Pourquoi certains pépins ne se développent-ils pas ? ***Ils n'ont pas été fécondés.***

Fais un dessin de la pomme coupée.

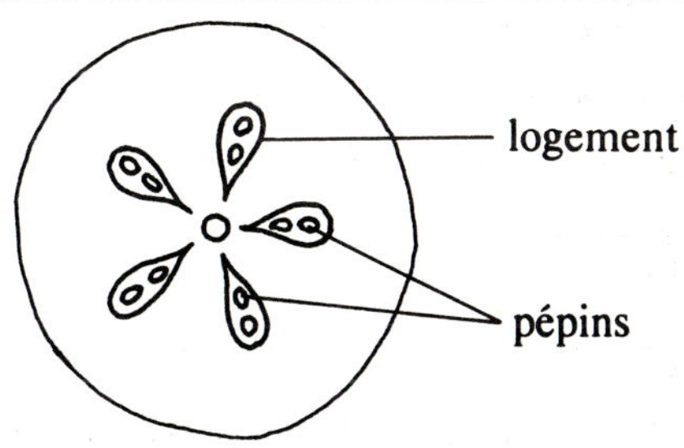

4 Complète le texte en ajoutant les mots : *graine - pépin - pistil - pollen - fruit.*

Les étamines des fleurs contiennent du ***pollen***. Fécondé par le pollen, le ***pistil*** se développe et devient un ***fruit***. Chaque ovule fécondé devient une ***graine***. Une graine de pomme est appelée ***pépin***.

5 Voici une liste de plantes. En mange-t-on les fruits, ou seulement les graines, ou les deux ? Réponds en traçant des croix dans les cases qui conviennent.

	on mange	
	le fruit	les graines
fraise	×	×
noisette		×
maïs		×

	on mange	
	le fruit	les graines
haricots verts	×	
petits pois		×
tomate	×	×

11. Les roches

Sortie : Observer une coupe de terrain (tranchée de chantier) ; des bâtiments anciens et récents.

1 Le sol et le sous-sol.

Mets les légendes.

le sol

le sous-sol

Complète les phrases avec les mots : roches : sous-sol ; humus ; sol.

Les racines des plantes explorent le ***sol*** qui est un mélange de ***roches***, réduites en grains ou en poudre, et d' ***humus***.

Plus en profondeur se trouve le ***sous-sol*** qui est constitué de ***roches***.

Peux-tu dire de quelle roche est essentiellement formé le sous-sol de la région où tu habites ? ______

2 Des roches.

Voici une liste de roches : ***le sable, la craie, le granite, l'argile, le schiste.***

Écris leur nom dans une ou plusieurs colonnes de ce tableau :

roche dure	roche tendre (rayable à l'ongle)	roche compacte	roche meuble	roche perméable	roche imperméable
le sable ***le granite***	***la craie*** ***l'argile*** ***le schiste***	***la craie*** ***le granite*** ***le schiste***	***le sable***	***le sable*** ***la craie***	***le granite*** ***l'argile*** ***le schiste***

3 Les hommes utilisent des roches. Complète les phrases suivantes.

Souvent, les bordures des trottoirs sont en ***granite***. Dans certaines régions, les toitures sont faites de feuilles d' ***ardoise*** ; dans d'autres régions, elles sont faites de ***tuiles*** qui sont de l' ***argile*** cuite.

Pour écrire au tableau, on utilise parfois de la ***craie***.

Pour fabriquer le béton, les maçons utilisent du ciment, de l'eau et ***du sable (et des graviers)***.

4 Enquête. Observe des vieilles maisons près de chez toi.

Quelle roche a-t-on utilisée pour construire :

- Les murs ? ______
- Les toitures ? ______
- Le tour des portes et des fenêtres ? ______

12. La vie est un cycle

Élevages divers.
Sorties sur le terrain (étude d'un biotope).

1 Qui mange qui ?
Écris le nom de chaque animal dessiné (le petit poisson est une ablette).
Tracé, entre les êtres vivants, des flèches qui signifieront : *« est mangé par »*.

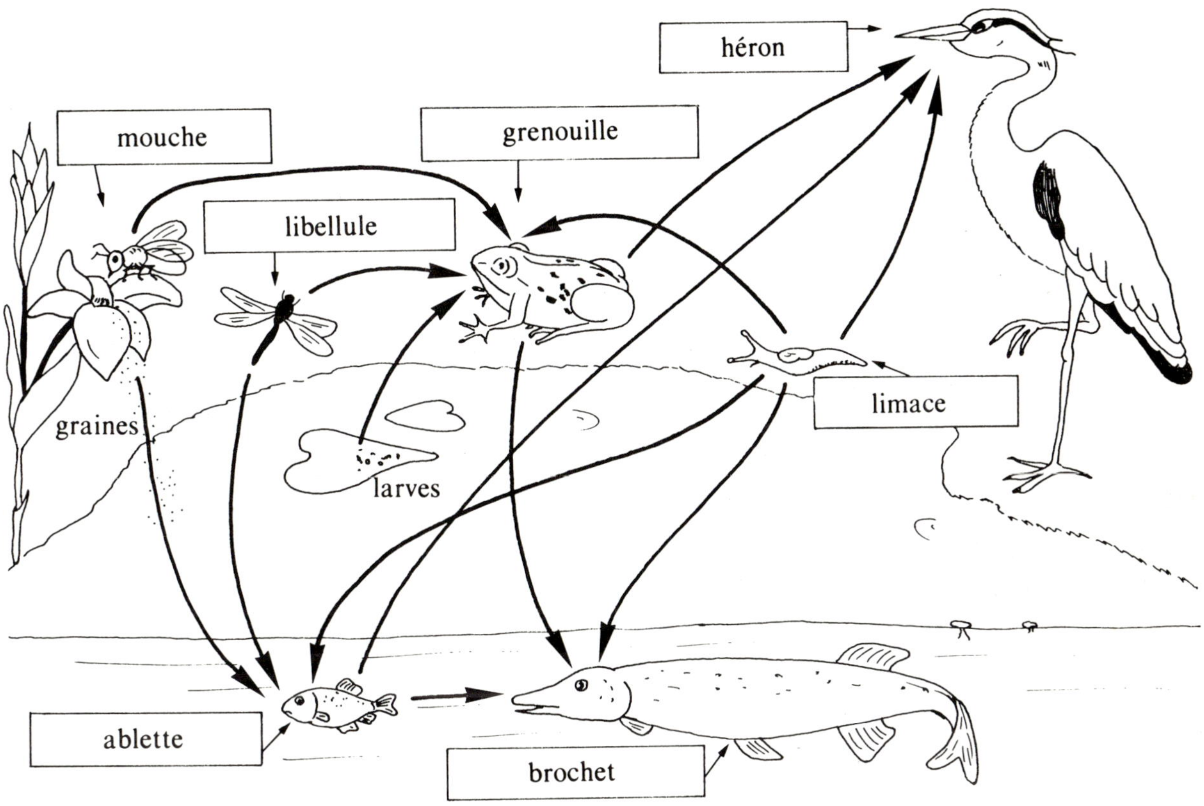

2 Voici des noms d'animaux. Trace les flèches qui signifient : *« est mangé par »*.

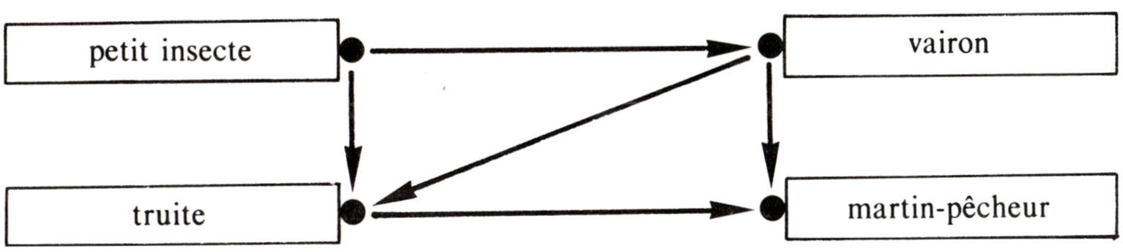

3 Imagine une autre chaîne alimentaire.
par exemple entre les êtres vivants d'une forêt.

13. Différences entre solide, liquide et gaz

Matériel : Quelques liquides et solides connus.

1 **Classe les corps ci-après : *eau salée ; sel ; air ; caillou ; huile ; oxygène ; caoutchouc ; vinaigre ; glace,* en solides, liquides ou gaz.**

Les solides :	***sel ; caillou ; caoutchouc ; glace.***
Les liquides :	***eau salée ; huile ; vinaigre.***
Les gaz :	***air ; oxygène.***

2 **Fais des traits entre les éléments de la colonne A et les éléments qui conviennent de la colonne B.**

Colonne A
Un solide
Un liquide
Un gaz

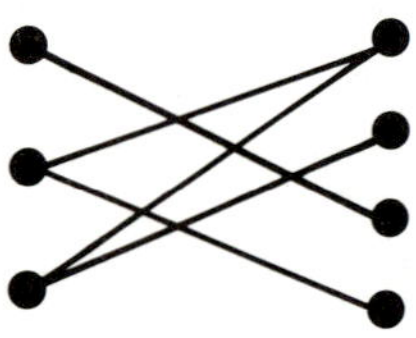

Colonne B
Il faut le mettre dans un récipient pour le transporter.
Il s'échappe du récipient ouvert.
On peut le prendre avec les doigts.
Il mouille les objets.

3 **Dans une automobile, tu peux trouver au moins : *un gaz, deux liquides et trois solides.* Complète le tableau.**

Corps	Noms	Endroits où ils se trouvent
un gaz	***air***	***pneumatiques***
Deux liquides différents	***essence***	***réservoir***
	liquide antigel	***radiateur***
Trois solides différents	***acier***	***carrosserie***
	matière plastique	***tableau de bord***
	verre	***pare-brise***

4 **Complète les phrases en choisissant parmi les mots suivants : *solide ; récipient ; air ; gaz ; liquide.***

- Le ***gaz*** qui entoure la Terre se nomme ***air***.
- Un ***liquide*** coule alors qu'un ***solide*** ne coule pas.
- Quand on ouvre un ***récipient*** qui contient un ***gaz***, celui-ci s'échappe.
- Entre mes doigts je peux tenir un ***solide***, mais pas un ***gaz***, ni un ***liquide***.

14. Les solides

Matériel : Quelques solides durs, rigides, mous, élastiques.
Des solides en poudre, en cristaux, en grains.

1 **Dans la liste ci-après, souligne les *solides*.**
Bille en verre ; gomme ; essence ; air ; lame de scie ; butane ; huile ; grain de sel ; pâte à modeler ; oxygène ; règle en matière plastique ; vin.

2 **Une bille en verre [est] rigide. Un trait relie la case « *bille en verre* » à la case « *rigide* ». Fais tous les traits qui veulent dire [est] entre les cases du haut et les cases du bas.**

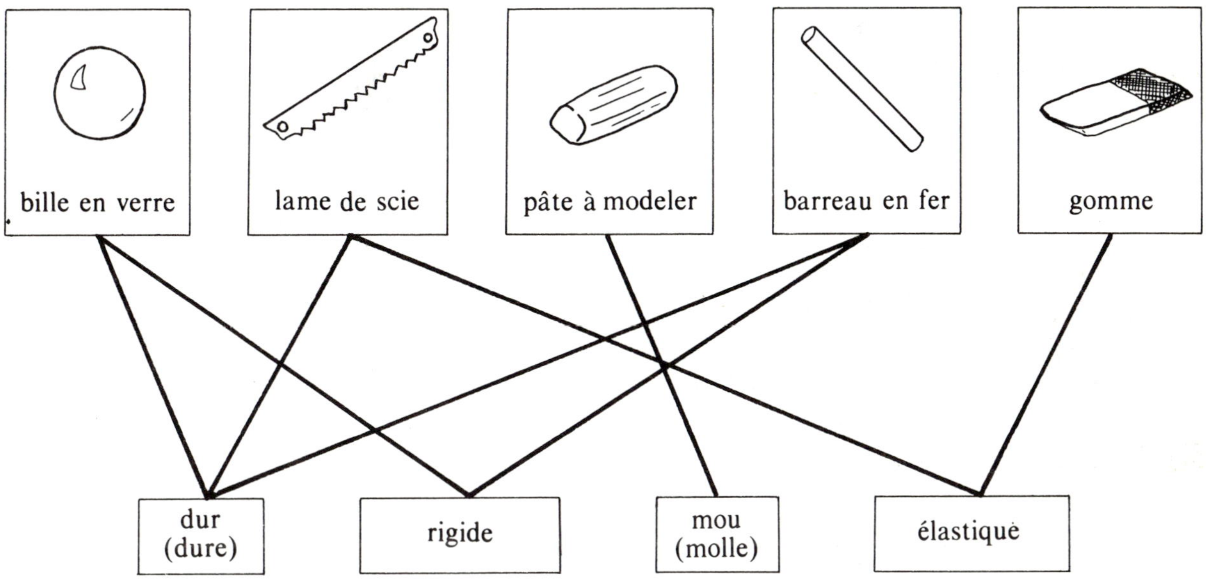

3 • **Donne les noms de quatre solides en petits *grains* ou en petits *cristaux*.**

blé	*riz*	*sel*	*sucre cristallisé*

On admettra aussi : café (en grains), sable, ...

• **Donne les noms de quatre solides en *poudre*.**

café moulu	*farine*	*talc*	*ciment*

On admettra aussi : cacao, lait (déshydraté), ...

4 **Complète les phrases à l'aide des mots ci-après :**
Mou ; grains ; s'écouler ; solide ; élastique ; dur ; forme ; poudres.

- Un *solide* a une forme déterminée.
- Un solide n'est pas toujours *dur* ; il peut être *mou*.
- Une lame de scie est un solide *élastique*.
- Un solide conserve la même *forme* si on le déplace.
- Le blé et le riz sont formés de *grains*.
- La farine et le café moulu sont des *poudres*.
- Comme un liquide, une poudre peut *s'écouler*.

15. Les liquides. L'eau

Matériel : Liquides divers (eau, huile, essence, lait, ...). Une bouteille de 1 litre et une bouteille plus petite. Des verres.

1 **Donne les noms de quatre liquides.**

eau	***huile***	***essence***	***lait***

Donne le nom d'un liquide incolore et transparent ***eau***

Donne le nom d'un liquide non transparent ***lait***

Donne le nom d'un liquide combustible ***essence***

2

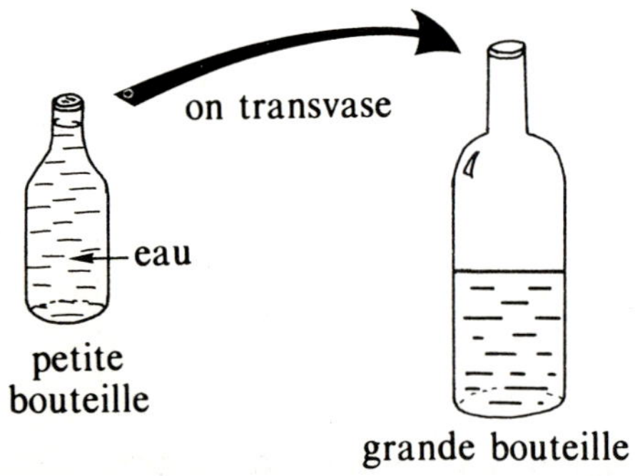

On verse l'eau de la petite bouteille dans la grande.

Dessine l'eau dans la grande bouteille.

Complète par le mot qui convient :

le ***volume*** *du liquide ne change pas*

3

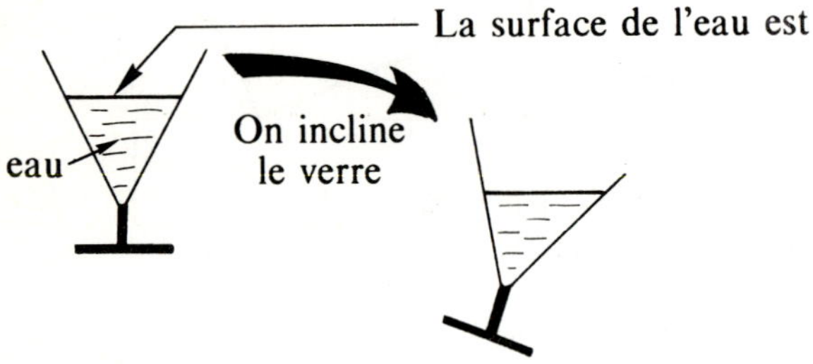

horizontale

Dessine l'eau dans le verre incliné.

La surface de l'eau est ***horizontale.***

4

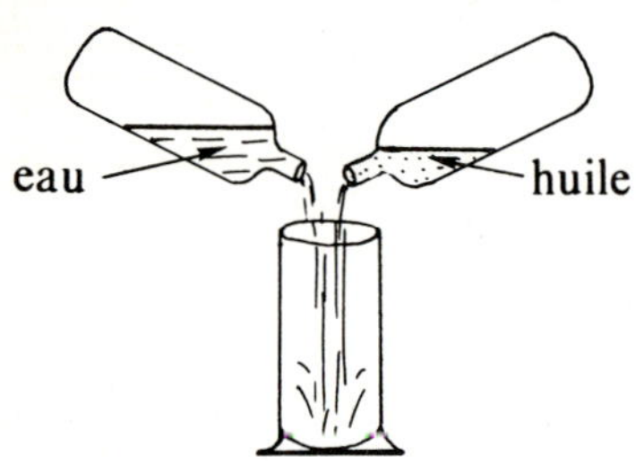

On verse en même temps l'eau et l'huile.

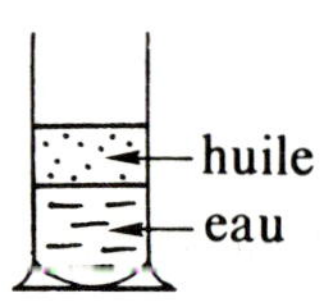

On laisse reposer.

Dessine l'eau et l'huile.

Complète :

L'eau et l'huile ne se ***mélangent pas.***

5 **Complète les phrases à l'aide des mots :** ***forme ; diminuer ; coulent ; récipients ; horizontale ; incompressible.***

- Tous les liquides ***coulent*** ; il faut les mettre dans des ***récipients*** .
- Un liquide n'a pas de ***forme fixe*** ; il a la ***forme*** du récipient.
- La surface d'un liquide reste toujours ***horizontale*** .
- On ne peut pas ***diminuer*** le volume d'un liquide ; un liquide est ***incompressible*** .

16. Les gaz.
L'air

Matériel : Cuvettes. Bouteilles. Flacons ou bocaux. Eau.

1 **Trouve les cinq gaz qui sont dans cette liste : *aluminium, propane, gazole, butane, essence, oxygène, étain, air, paraffine, ciment, hydrogène, mercure.***

propane	butane	oxygène	air	hydrogène

Donne le nom d'un gaz combustible — *butane*

On admettra aussi : propane, hydrogène.

Donne le nom d'un gaz non combustible — *air*

On admettra aussi : oxygène

2

La bouteille n'est pas vide.

Elle contient de: l'air.

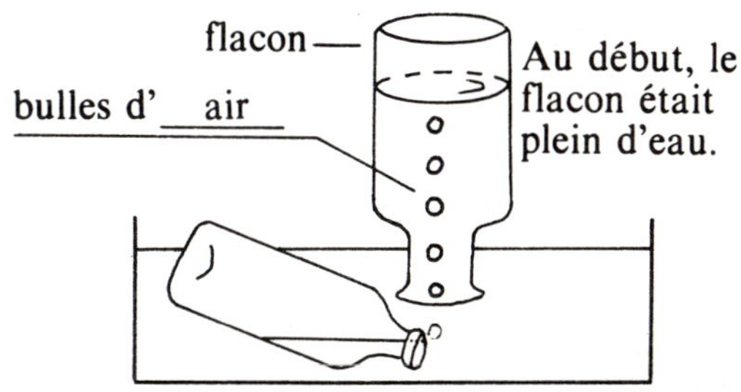

Colorie l'eau en bleu et l'air en jaune.

Un gaz peut être *transvasé* d'un récipient dans un autre.

3 **Mets une croix en face des propriétés qui sont vraies, pour les gaz.**

Propriétés	croix
Ils ne s'écoulent pas.	
On peut les transvaser.	×
Ils ont une forme bien à eux.	
Il faut les enfermer dans des récipients pour les transporter.	×

4 **Complète les phrases à l'aide des mots : *tuyaux ; forme ; inodore ; atmosphère ; s'écoule ; invisible.***

- La couche d'air qui entoure la Terre s'appelle *atmosphère* .
- L'air est un gaz *invisible* et *inodore* .
- Comme tous les gaz, l'air peut circuler dans des *tuyaux* ; l'air *s'écoule* .
- Un gaz n'a pas de *forme* ; il prend la *forme* du récipient.

5 **Donne les noms de trois appareils, ou objets, qui fonctionnent grâce au vent (le vent est de l'air en mouvement).**

Moulin à vent	girouette	éolienne

On admettra aussi : bateau à voile, char à voile, ...

17. La pression des gaz

Matériel : Pompes ou seringues.

1

Complète les phrases.

Le ballon est gonflé avec de l'hélium, qui est un gaz très ***léger***.

Si le ballon est trop gonflé, il peut ***éclater***.

A l'intérieur du ballon, le gaz exerce une ***pression***.

2 Complète les dessins et les textes.

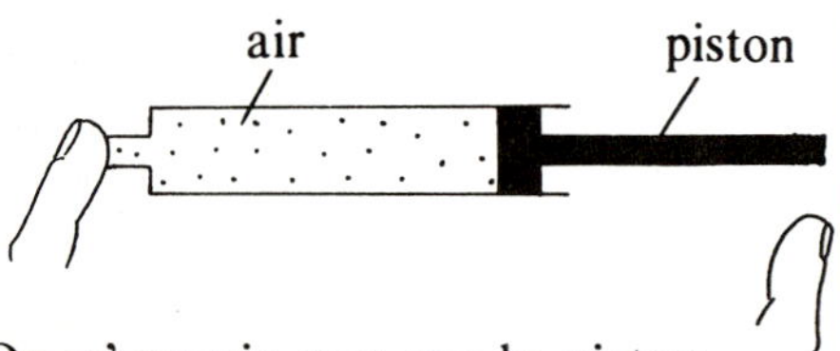

On n'appuie pas sur le piston.
Le volume de l'air ne change pas.
La pression de l'air n'est pas grande.

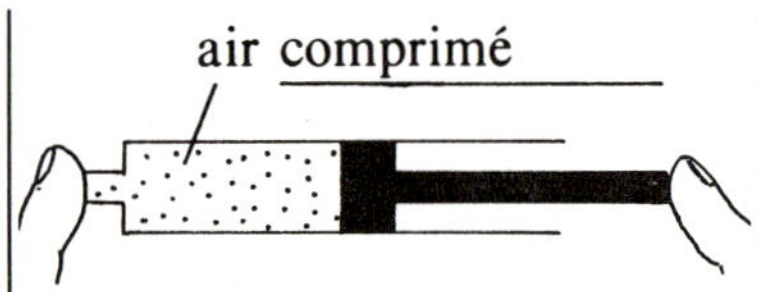

On appuie un peu sur le piston.
Dessine le piston.
Le volume de l'air : ***diminue un peu***

La pression de l'air : ***augmente un peu***

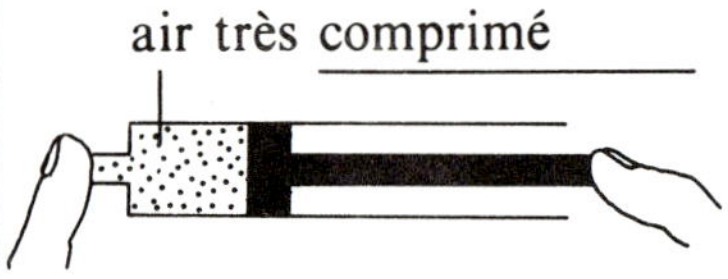

On appuie très fort sur le piston.
Dessine le piston.
Le volume de l'air : ***diminue beaucoup***

La pression de l'air : ***augmente beaucoup***

On peut ***diminuer*** le volume d'un gaz. Un gaz est ***compressible***.

3 Complète les dessins et les textes.

On appuie fort sur le piston. L'air est ***comprimé***.

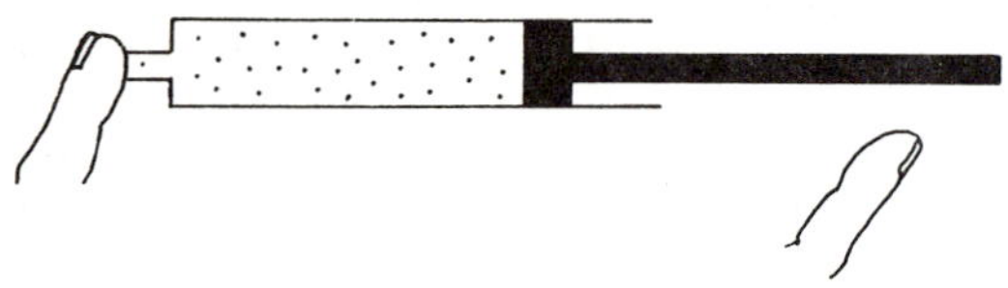

On lâche le piston. Que se passe-t-il ?
Le piston va vers la droite.
Dessine le piston.

L'air reprend son ***volume*** : il est ***élastique***.

4 Trouve des exemples de gaz comprimés.

Bouteilles d'air comprimé des plongeurs.

Bateau pneumatique ; ballon ; chambre à air de bicyclette.

Bouteille d'oxygène pour chalumeau.

Bombe aérosol.

17R. RÉVISIONS.
Les solides, les liquides et les gaz

Matériel : Cuvettes. Bocaux. Eau.

1 **Classe les corps ci-après en *solides, liquides et gaz.***

lait	sable	air	granit	huile	butane
bois	oxygène	sucre	gazole	azote	essence

Les solides	Les liquides	Les gaz
sable	***lait***	***air***
granit	***huile***	***butane***
bois	***gazole***	***oxygène***
sucre	***essence***	***azote***

2 **Mets une croix dans la case si la propriété convient.**

Corps → / Propriétés ↓	solides en gros blocs	solides en poudre	liquides	gaz
Ils n'ont pas de forme propre		×	×	×
Ils remplissent entièrement les récipients				×
Ils sont incompressibles	×	×	×	
Ils coulent		×	×	×

3

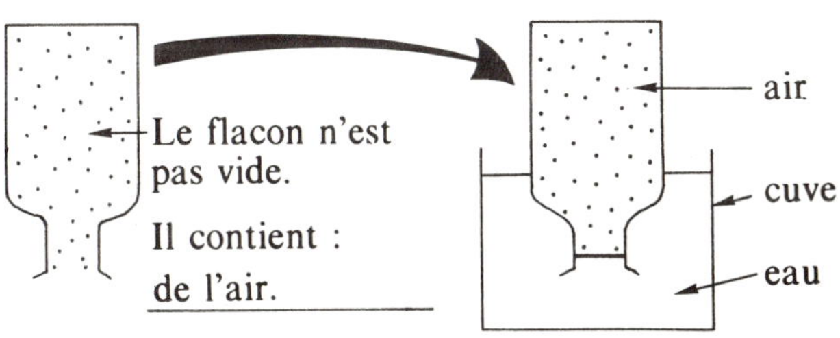

On enfonce le flacon dans l'eau de la cuve.
Dessine l'eau en bleu et l'air en jaune.

4

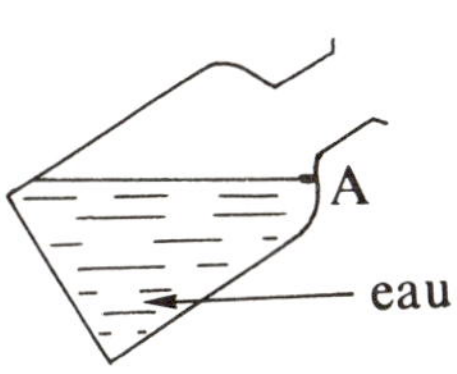

Dans le récipient, l'eau arrive en A.
Dessine l'eau.

5 **Complète les phrases.**

- Un solide a une ***forme*** bien déterminée.
- Comme les liquides, les solides en poudre ou en grains peuvent ***couler***.
- Le ***volume*** d'un gaz peut diminuer mais pas celui d'un solide ou d'un ***liquide***.
- La surface d'un liquide reste toujours ***horizontale***.
- Un récipient qui contient un gaz fortement comprimé peut ***éclater*** si la ***pression*** est trop forte.

18. Des corps qui se transforment

Matériel : Flacon d'éther. Paille ou chalumeau.
Appareil de chauffage. Récipient. Beurre. Bougie.

1 Un liquide qui devient un gaz.

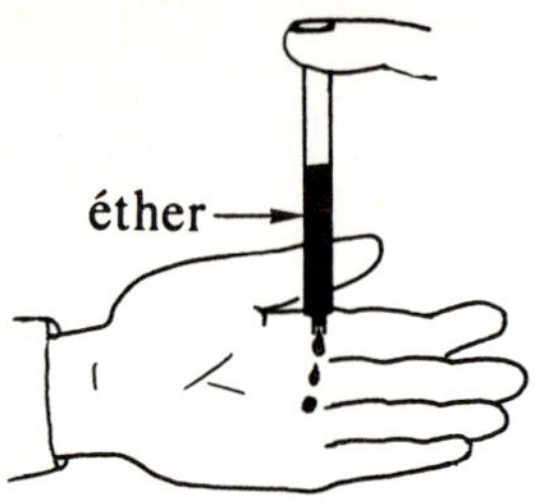

Marc dépose quelques gouttes d'éther sur sa main. Que constate-t-il ?

L'éther disparaît. Le liquide s'est évaporé et s'est transformé en gaz. La peau se refroidit. L'éther lui a pris de la chaleur pour s'évaporer.

Donne les noms de trois liquides qui s'évaporent rapidement.

éther	**alcool**	**essence**

On admettra aussi : chloroforme, white spirit,...

2 On refroidit un liquide.

- **A la maison, pour refroidir un liquide rapidement en été, où le met-on ?**

dans un réfrigérateur ou un congélateur

- **On met de l'huile dans un réfrigérateur. Que se passe-t-il ?**

De l'huile liquide placée dans le réfrigérateur devient solide.

- **On remplit d'eau une bouteille en verre ; On la bouche et on la met dans un congélateur. Que se passe t-il ?**

La bouteille se casse. En gelant, l'eau augmente de volume.

3 On fait fondre des solides.

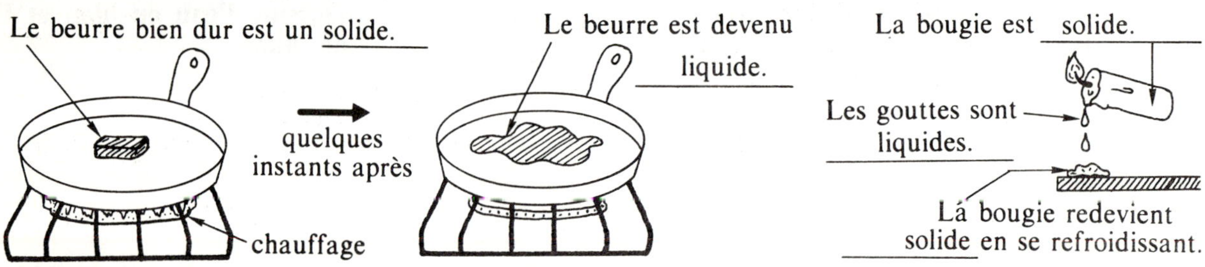

4 Complète.

- Liquide (+ chaleur) → ***gaz*** ; Liquide (– chaleur) → ***solide***.
- Solide (+ chaleur) → ***liquide***.
- Quand un liquide s'évapore, il se transforme en ***gaz***.
- Pour transformer un liquide en ***gaz*** il faut le chauffer.
- Pour transformer un ***liquide*** en solide, il faut le refroidir.
- Pour faire fondre un solide, il faut ***le chauffer***.

19. L'eau qui se transforme

Matériel : Récipients. Appareil de chauffage. Thermomètres. Glaçons + gros sel (mélange réfrigérant).

1 Complète les phrases.

L'eau qui se transforme en gaz.

On fait bouillir de l'eau dans un récipient.

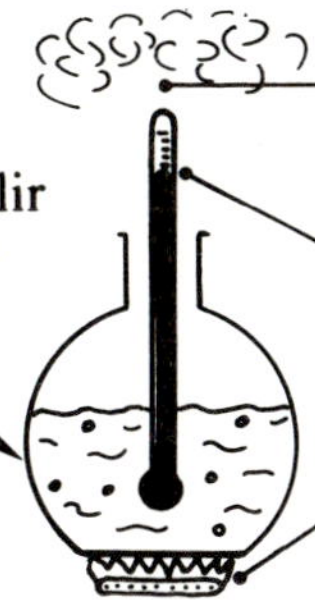

Le gaz invisible venant de l'eau s'appelle : vapeur d'eau.

La température de l'eau bouillante est égale à : 100 degrés.

La flamme donne à l'eau de la : chaleur.

La transformation de l'eau liquide en gaz s'appelle : ***vaporisation***.

2 La vapeur d'eau redevient liquide.

On fait l'expérience représentée sur le dessin.

Le gaz venant de l'eau s'appelle : vapeur d'eau.

La soucoupe est froide.
Le gaz se transforme en : liquide.

Goutte d' eau liquide.

L'eau bout, elle se transforme en : gaz.

La transformation d'un gaz en liquide s'appelle : ***condensation***.

3 L'eau qui se transforme en solide.

On fait l'expérience représentée sur le dessin.

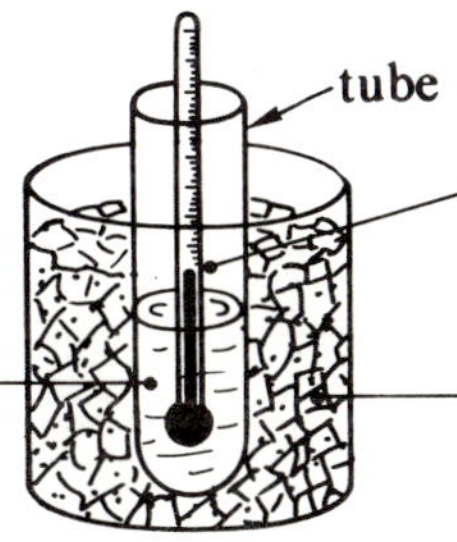

L'eau à l'état solide s'appelle : glace.

Quand l'eau du tube devient solide le thermomètre indique : 0 degré.

Pour refroidir l'eau du tube et la faire geler, on met le tube dans un mélange de : glace et de sel.

La transformation de l'eau liquide en glace s'appelle : ***solidification***.

4 La fusion de la glace.

La glace est un ***solide***.

Quand la glace fond, le thermomètre indique ***0 degré***.

La transformation de la glace en eau liquide s'appelle ***fusion***.

Pour transformer de la glace en eau liquide il faut lui donner ***de la chaleur***.

20. Fabrique un thermomètre

Matériel : Bouteilles ou fioles. Bouchons percés. Tubes en verre de faible diamètre. Feuilles de papier. Thermomètres. Glaçons.

1 **A quoi sert un thermomètre ? :** *Un thermomètre sert à connaître la température d'un corps.*

En quoi est-il gradué ? *En degrés.*

2 **Les étapes de la fabrication.**

Il faut une petite bouteille, un bouchon troué, un tube en verre, une feuille de papier, de l'encre, des glaçons.

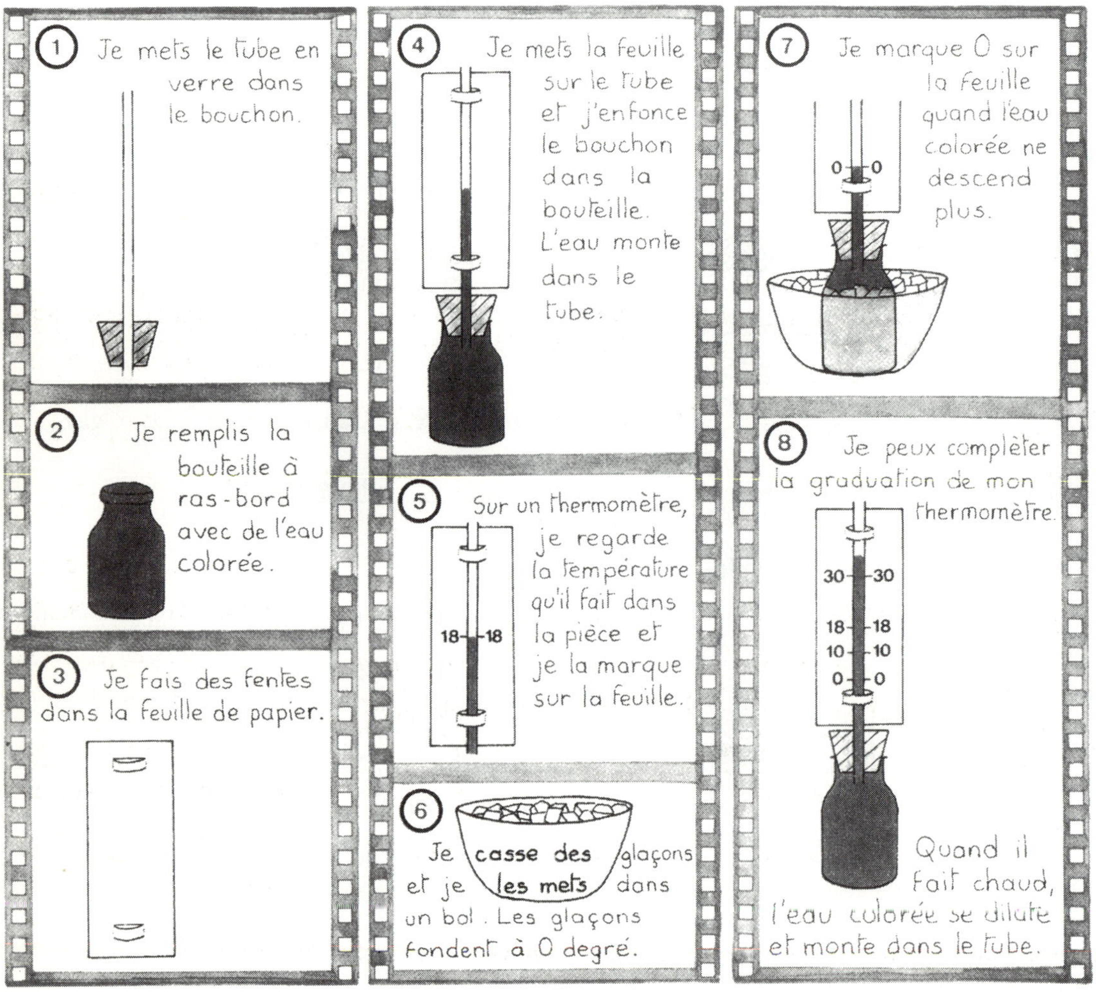

3 **Lis les températures sur les thermomètres. Écris les résultats dans les cases.**

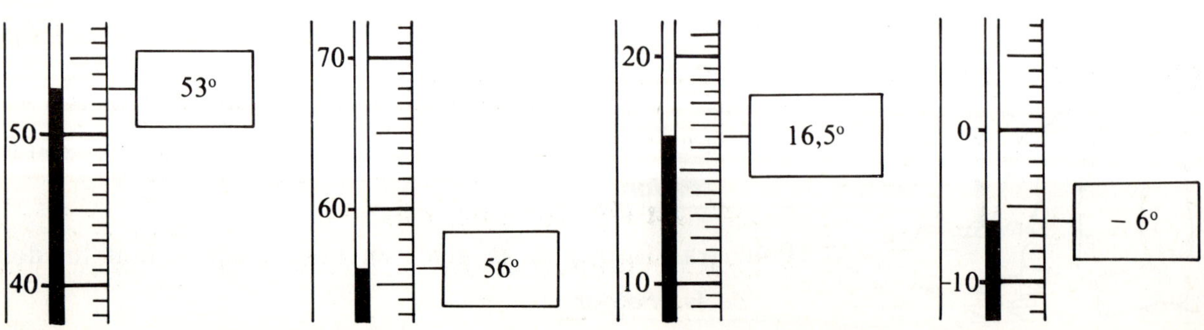

21. Réalisons des mélanges avec de l'eau

Matériel : Verres. Sucre en morceaux. Sable. Farine. Eau. Huile. Bouteille d'eau gazeuse. Bouteille d'eau minérale avec étiquette.

1 Mélangeons de l'eau et des solides.

Si on mélange, le sucre *disparaît.*

Le sucre est *soluble* dans l'eau

Si on mélange, le sable *ne disparaît pas.*

Le sable est *insoluble* dans l'eau.

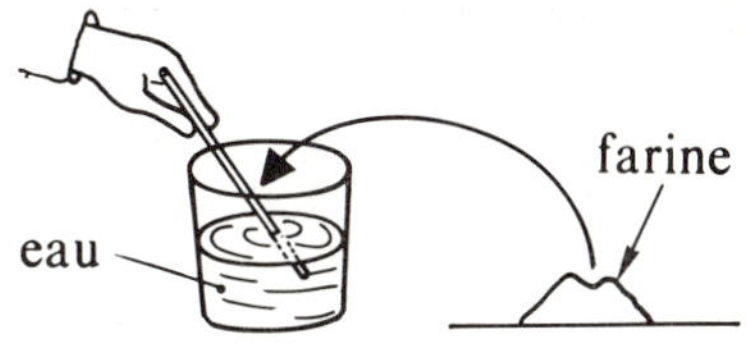

Si on mélange, l'eau et la farine forment une *pâte*.

2 Mélangeons de l'eau et des liquides. Note tes observations.

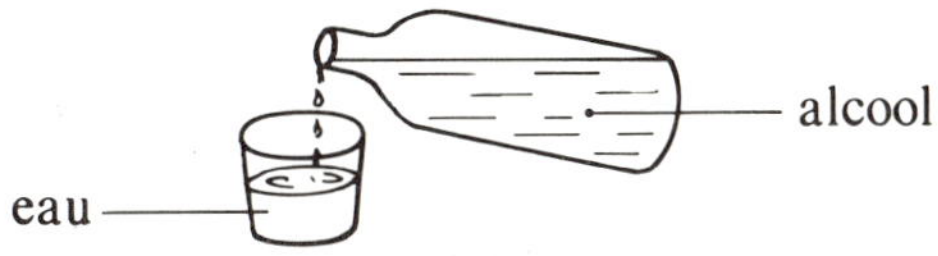

L'eau et l'alcool *se mélangent très bien.*

L'eau et l'alcool sont *miscibles*.

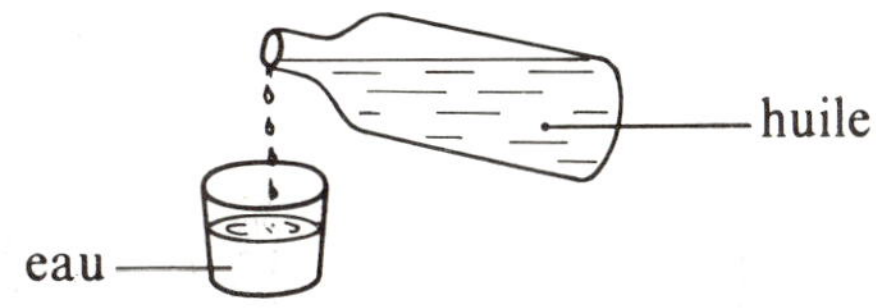

L'eau et l'huile *ne se mélangent pas.*

L'eau et l'huile ne sont pas *miscibles*.

3 D'autres mélanges avec de l'eau.

L'eau gazeuse est un mélange qui contient un liquide et un gaz.

Le liquide est *l'eau*.

Le gaz est *le gaz carbonique.*

La bouteille d'eau minérale contient un liquide et des solides dissous.

Le liquide est *l'eau*.

Les solides dissous sont appelés des *sels minéraux.*

Donne les noms de quatre autres mélanges qui contiennent tous de l'eau.

le lait	*le jus de fruits*	*le vin*	*l'eau de mer*

On admettra aussi : le vinaigre, l'eau de javel, ...

4 Le vin est un mélange.

- **Quels sont les deux principaux corps contenus dans le vin ?**

l'eau	*l'alcool*

Lequel est dangereux pour la santé ? *l'alcool*

- **Dans 100 litres de vin à 12°, il y a** *12* **litres d'** *alcool*.

22. Séparons les constituants d'un mélange

Matériel : Récipients, Appareil de chauffage. Verre. Papier filtre. Entonnoir. Nécessaire pour distillation. Terre. Sel. Vin (rouge). Eau.

1 L'eau salée.

L'eau salée contient deux corps. Lesquels ?
L'eau et le sel.

Quand on chauffe l'eau salée, elle se transforme en : ***vapeur d'eau.***

Quand toute l'eau a disparu, il reste ***le sel dans le fond du récipient.***

2 La décantation.

On remue de la terre et de l'eau. L'eau devient ***boueuse.***

On laisse → reposer le mélange

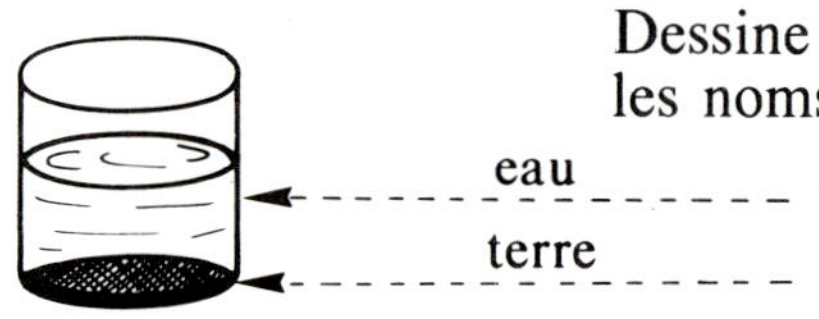

Dessine et mets les noms :

Décanter un liquide, c'est le débarrasser de ses ***particules solides*** en le laissant ***se reposer.***

3 La filtration.

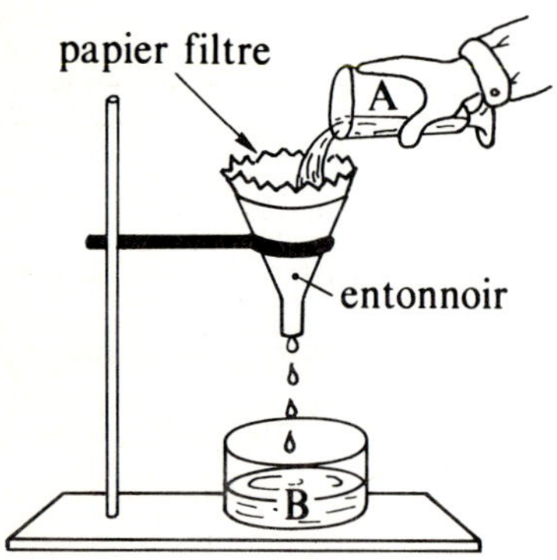

Le mélange A contient un liquide :
l'eau.

et des particules solides en suspension :
craie, terre.

Le papier filtre spécial ***retient les particules solides.***

Le liquide B est ***limpide.***

Filtrer un liquide, c'est le débarrasser de ses ***particules solides*** en ***le faisant passer à travers un papier spécial.***

4 La distillation.

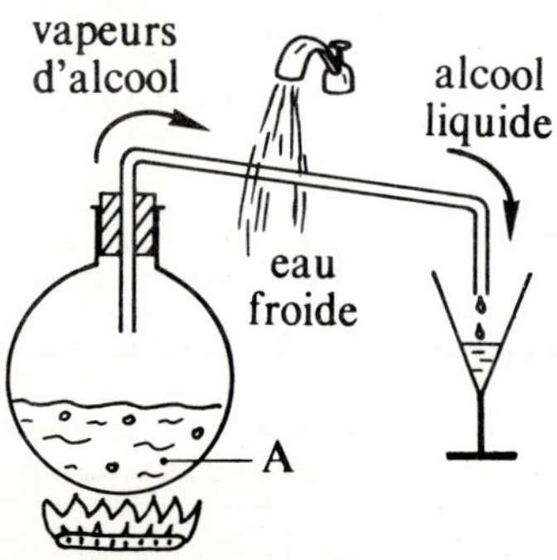

Le liquide A est un mélange de deux liquides :
l'eau et l'alcool (A = vin).

Quand on chauffe fortement le mélange A ***l'alcool se transforme en vapeurs qui s'échappent.***

L'eau froide transforme ***les vapeurs d'alcool en alcool liquide.***

Distiller un mélange c'est ***en extraire le corps qui bout le plus facilement, en chauffant ce mélange.***

22 (R). RÉVISIONS
Changements d'état. Mélanges

Matériel : Matériel pour faire bouillir de l'eau ; thermomètre 110° ; jus de fruit gazeux ; sable ; sucre en poudre ; eau ; huile ; récipient ; agitateur.

1 **On peut rencontrer un corps sous trois états. Lesquels ?**

L'état solide ; l'état liquide ; l'état gazeux.

L'eau solide s'appelle : ***glace***. L'eau à l'état gazeux s'appelle : ***vapeur d'eau***.

2 **Complète.**

Si on chauffe un liquide très fortement, il se transforme en ***gaz***

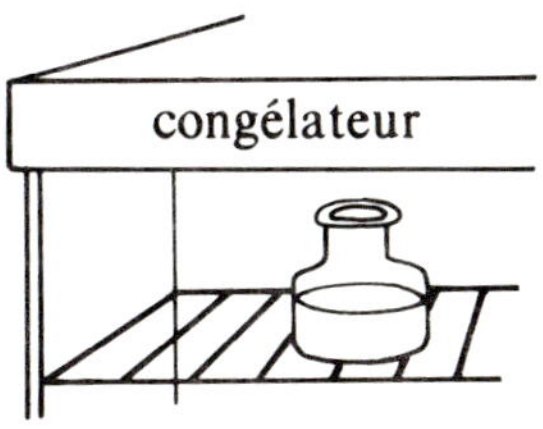

Si on refroidit un liquide très fortement, il se transforme en ***solide***

Liquide —(+ chaleur)→ ***gaz*** ; Solide —(+ chaleur)→ ***liquide*** .

3

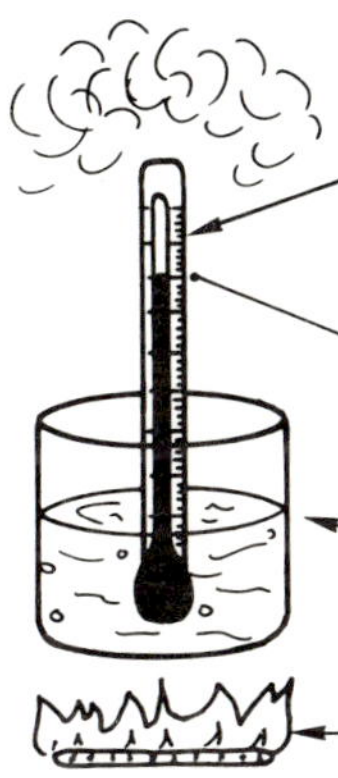

L'appareil qui donne la température s'appelle thermomètre.
Il est gradué en degrés.

L'eau bout à la température de 100 degrés.

La transformation d'un liquide en gaz s'appelle vaporisation.

La flamme donne au liquide de la chaleur.

4 **Le jus de fruit « gazeux ».**

Le jus de fruit « gazeux » est-il un gaz ?

non, c'est un liquide.

Donne les noms de trois corps contenus dans la bouteille de jus de fruit gazeux.

un liquide ***eau***

un solide dissous ***sucre***

un gaz dissous ***gaz carbonique***

5 **Un mélange avec quatre corps.**

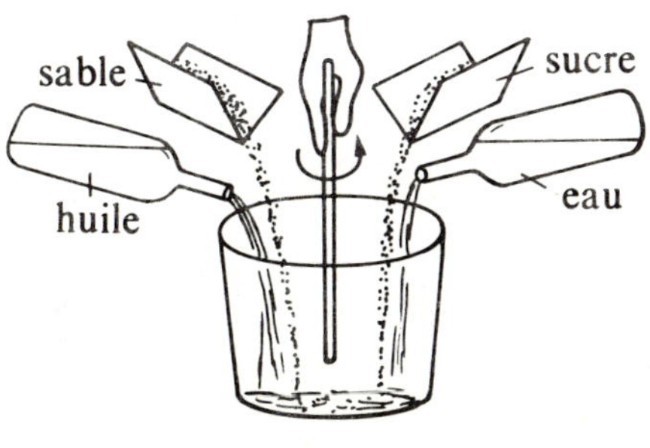

On met les quatre corps dans le verre.
On agite longuement puis on laisse reposer.
Fais des flèches qui montrent où sont les quatre corps.

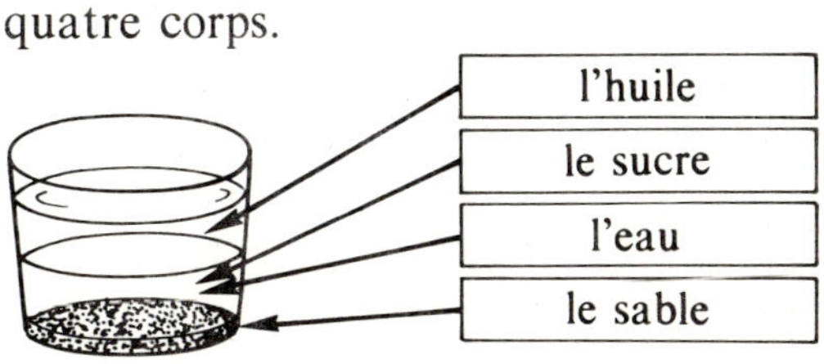

23(A). Comment soulever un objet lourd ?

Matériel : Tiges métalliques avec perforations (genre meccano). Support. Clous. Masses marquées. Ficelle.

1 Un exemple de levier.

Tu peux soulever un gros livre en utilisant une règle et un crayon.

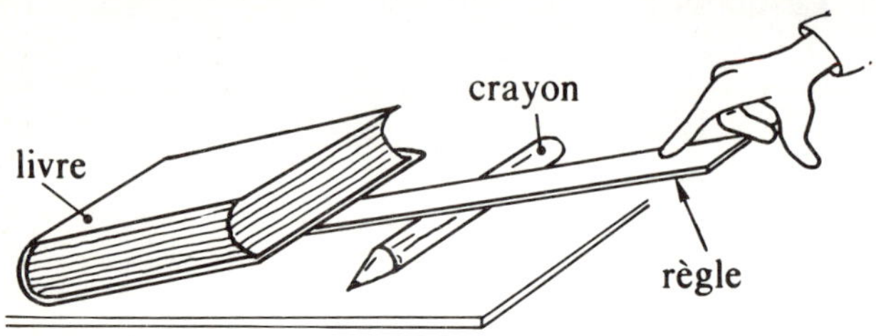

Où faut-il appuyer pour soulever le livre ?

Il faut appuyer sur la règle.

Le levier c'est : ***la règle*** . *Le point d'appui* du levier c'est : ***le crayon*** .

2 Étudions le levier.

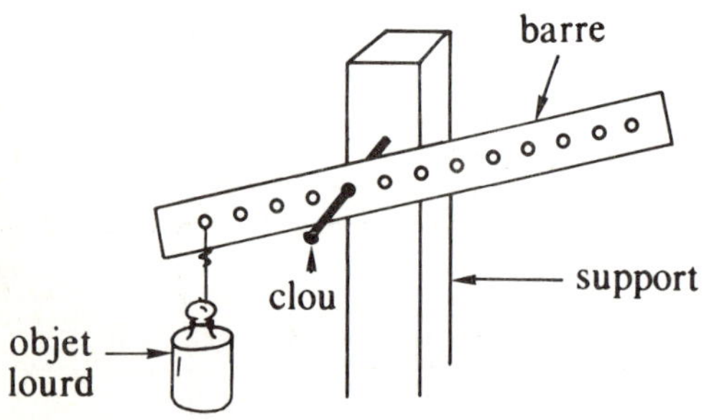

• Avec l'appareil dessiné, tu peux soulever un objet.

Le levier c'est :

la barre .

Le point d'appui du levier c'est :

le clou .

Tu peux facilement fabriquer l'appareil.

• **On désire soulever l'objet lourd M.**

Observe les six dessins. Dans les ronds, fais une flèche pour montrer que la main pousse vers le haut ou vers le bas. Dans les rectangles, écris : *très facile, facile, difficile ou très difficile.*

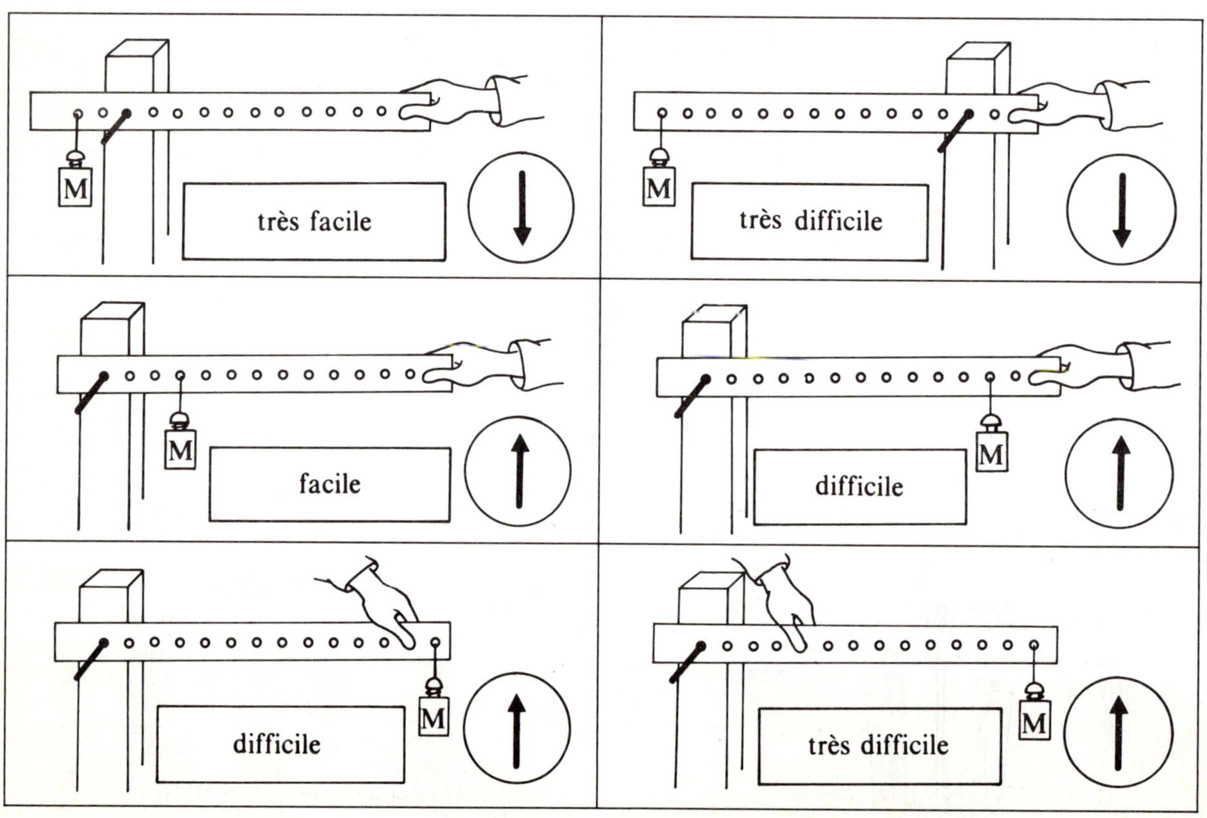

23(B). Le clown danseur

Matériel : Voir ci-dessous.

Le matériel :

- 1 plaque de carton (boîte à chaussures)
- 6 attaches parisiennes courtes
- du fil de couturière
- des crayons de couleur.

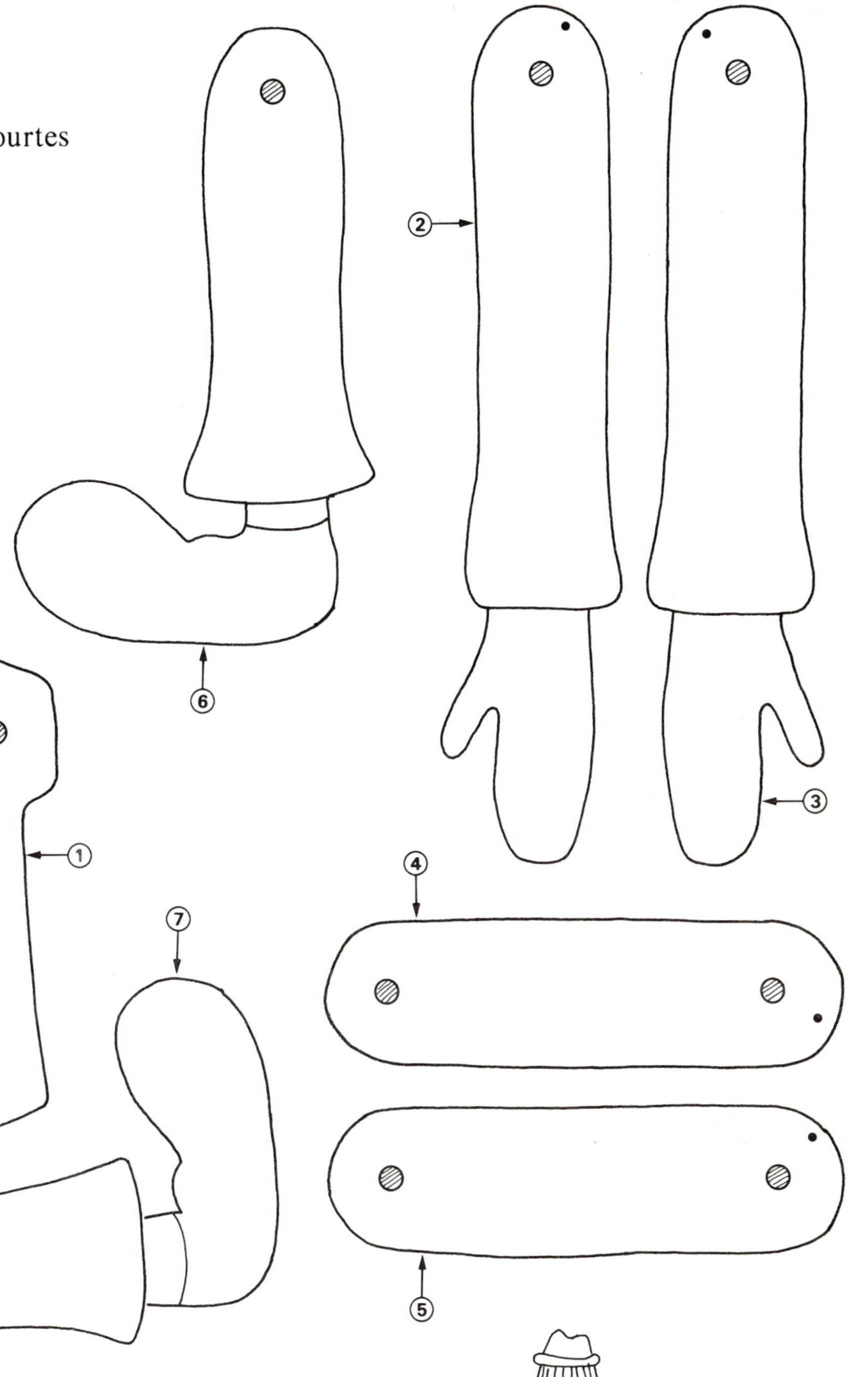

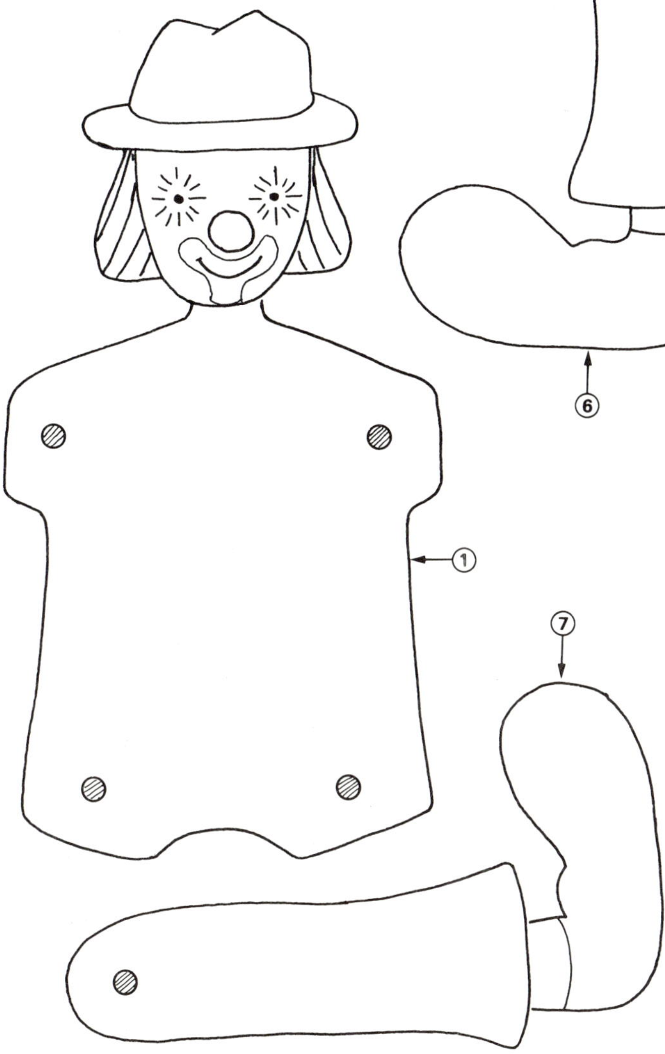

- Découpe les 7 dessins.
- Colle-les sur la plaque de carton.
- Découpe la plaque de carton en suivant le contour de chacun des dessins.
- Fais des trous aux endroits indiqués par des cercles.
- Rattache les bras et les jambes au tronc avec des attaches parisiennes (sans serrer).
- Attache les fils comme tu le vois sur le petit dessin du clown vu de dos.
- Ton clown peut danser.
- Il te reste à le colorier.

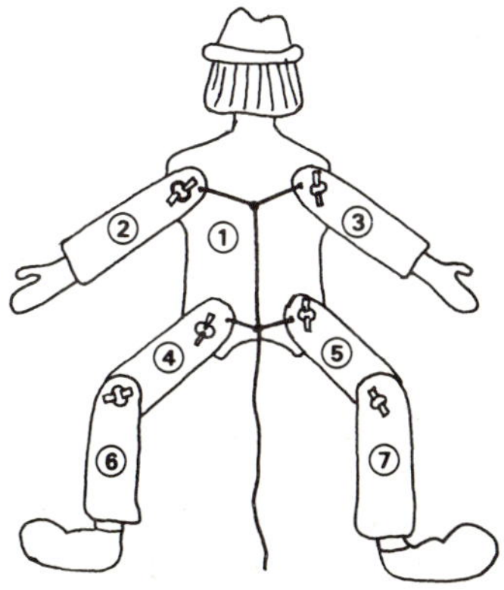

Reconnais-tu des leviers ?

24. Beaucoup d'appareils sont des leviers

Matériel : Ciseaux. Casse-noix. Pinces à épiler. Pied-de-biche, etc.

1 **Dans les cases vides, écris : main, point d'appui ou résistance.**

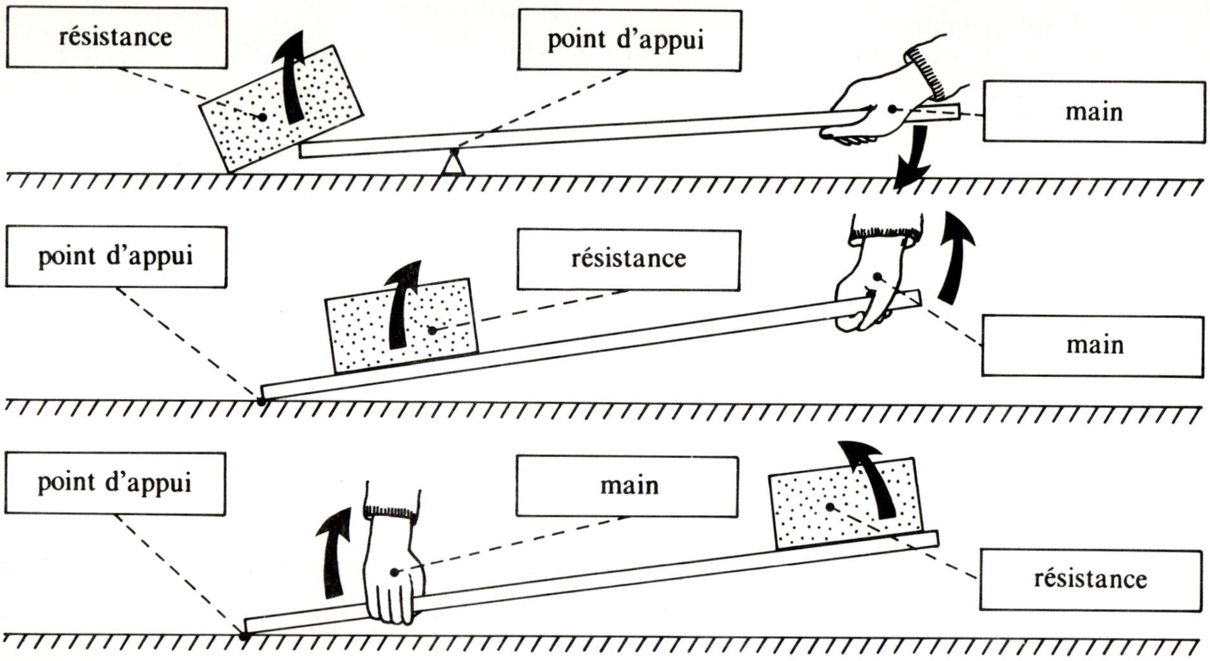

2 **Observe les dessins et mets des croix dans les bonnes cases du tableau.**

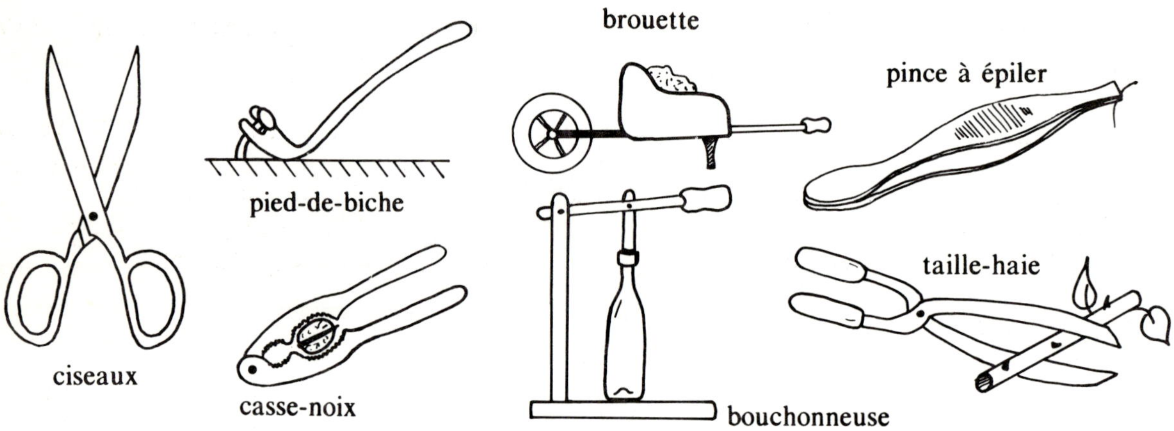

	le point d'appui est au milieu	la résistance est au milieu	la main est au milieu
ciseaux	×		
casse-noix		×	
pince à épiler			×
brouette		×	
taille-haie	×		
bouchonneuse		×	
pied-de-biche	×		

25 (A). La balance

Matériel : Balances de Roberval. Balances à plateaux suspendus.

1 La balançoire.

Premier dessin :

Qui est le plus lourd ? Marc ou Marie ?

C'est Marc le plus lourd.

On dit que la *masse* de Marc est *plus grande* que la **masse** de **Marie**.

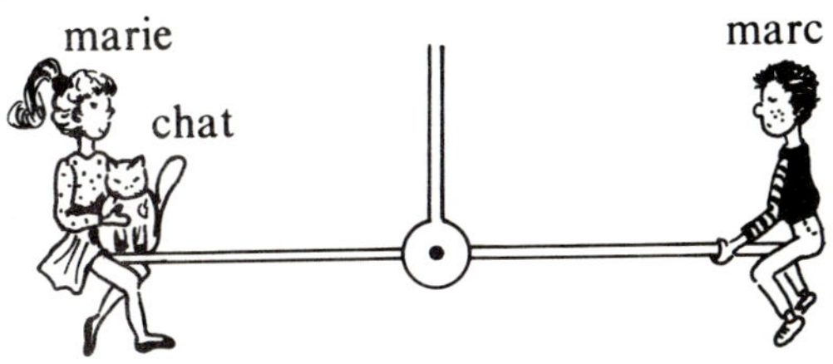

Deuxième dessin :

Le chat de marie lui a sauté dans les bras.

La balançoire ne penche plus.

La *masse* de Marie et de son chat *est égale à* ***la masse de Marc.***

2 Les éléments de la balance.

Observe les dessins des deux balances. Écris les noms dans les cases : *cadran ; plateau ; point d'appui ; aiguille ; fléau.*

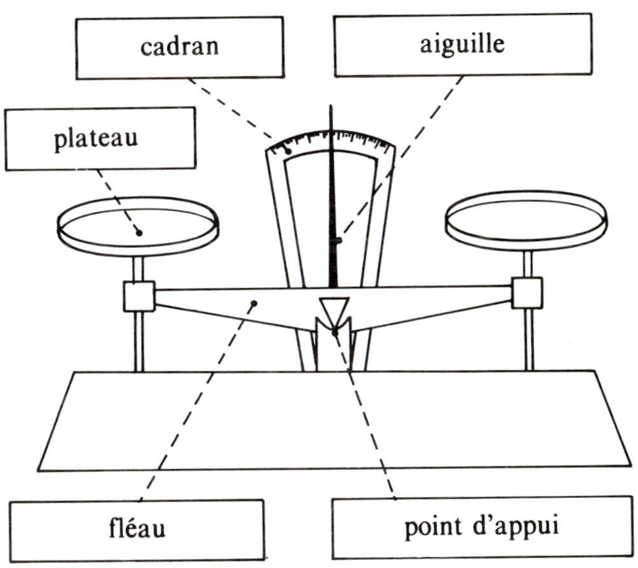

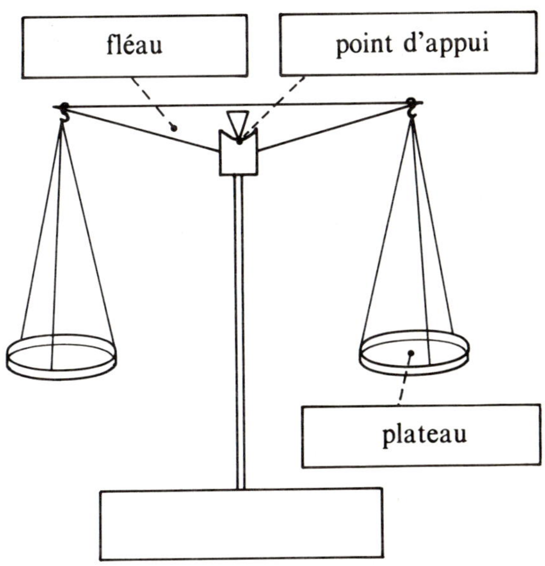

A quoi sert une balance ?

Une balance permet de trouver la masse d'un objet.

Le fléau de la balance peut tourner autour d'un ***point d'appui.***

Le fléau d'une balance est donc un ***levier.***

25 (B). Tu peux fabriquer une balance

Matériel : Boîte de « meccano ».

1 Ce qu'il faut avoir.

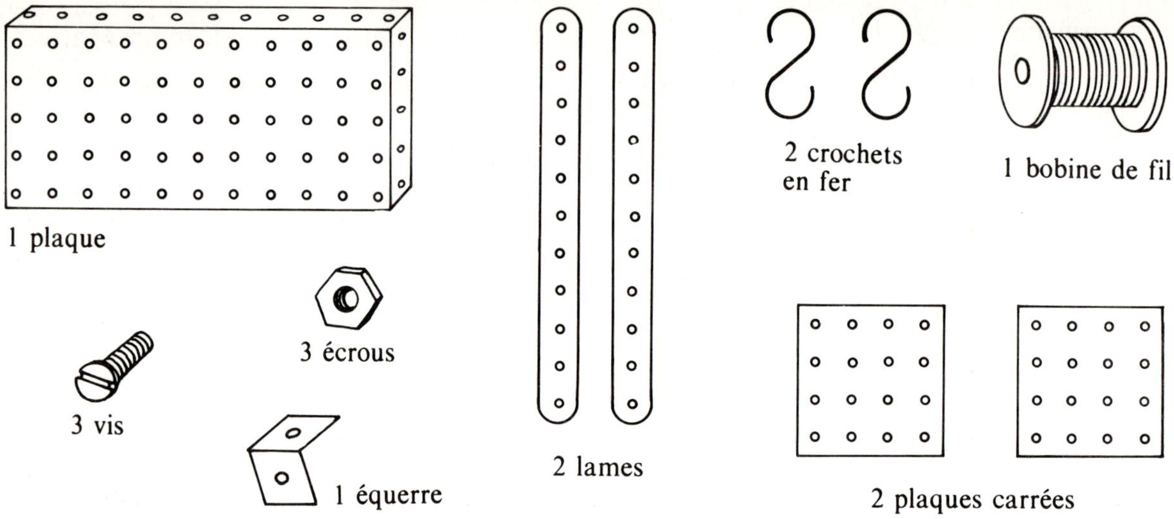

2 Ce qu'il faut faire.

a

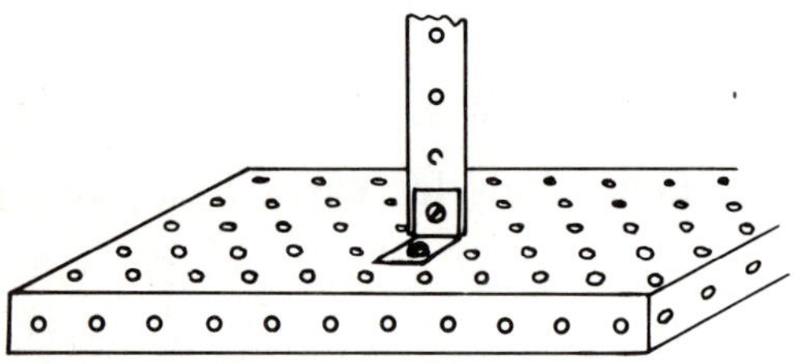

Tu relies l'une des lames à la plaque à l'aide de l'équerre, de vis et d'écrous. Tu serres très fort.

b

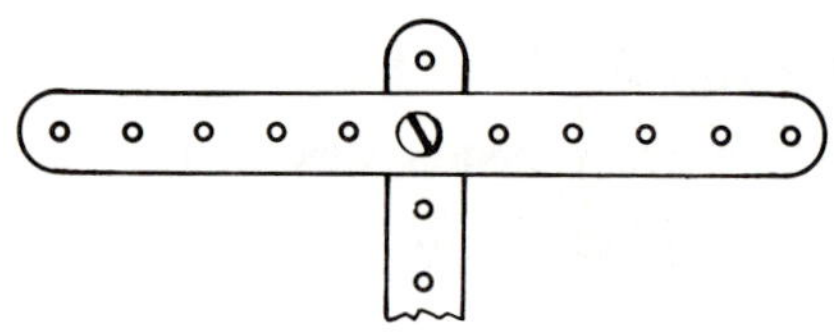

Tu relies les 2 lames à l'aide d'une vis et d'un écrou. Tu ne serres pas.

c

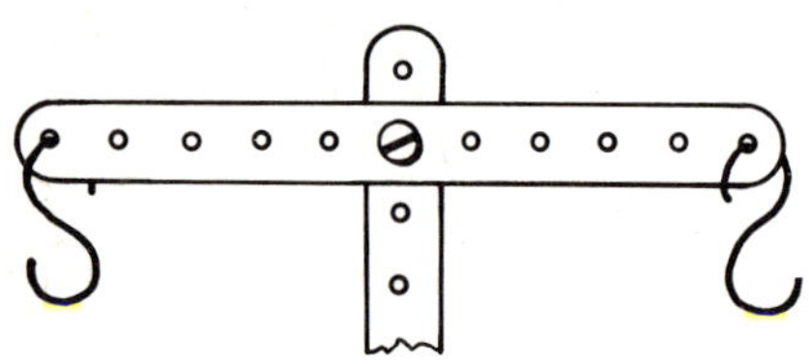

Tu fabriques 2 crochets. Tu les places dans les derniers trous de la lame supérieure.

d

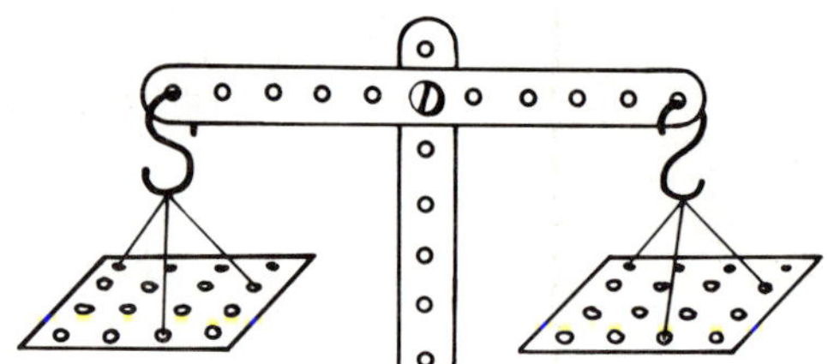

Tu accroches des fils aux deux plaques carrées. Tu peux les suspendre aux crochets.

3 Écris les noms de tous les outils que tu as utilisés.

un tournevis *une pince*

une paire de ciseaux

une petite clé

Dans ta balance, où est le levier ? *C'est la lame horizontale.*

Où est le point d'appui ? *C'est la vis au milieu de la lame.*

26. Comment se servir d'une balance ?

Matériel : Balances. Boîtes de masses marquées. Objets divers.

1 **La boîte de masses marquées. Écris dans les cases la valeur des masses.**

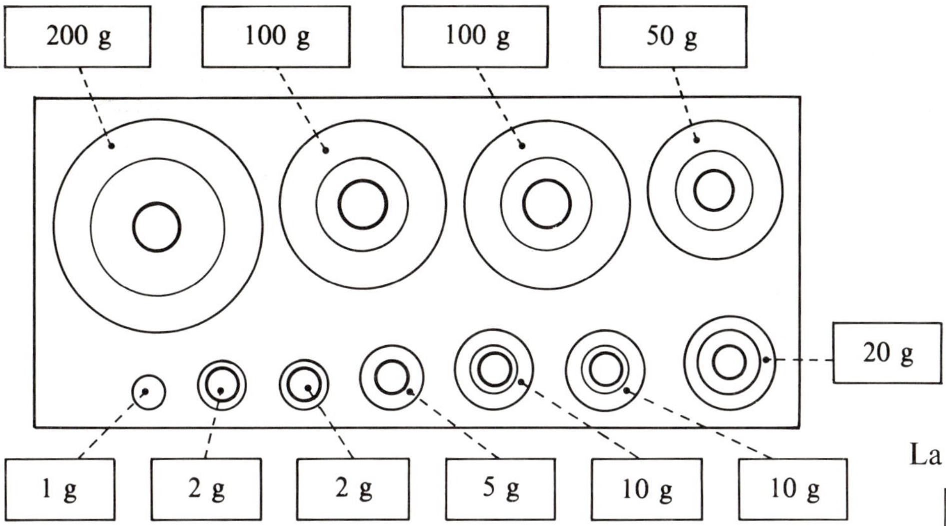

une masse marquée

La lettre g veut dire : gramme

2 **Indique le résultat de chacune des manipulations suivantes.**

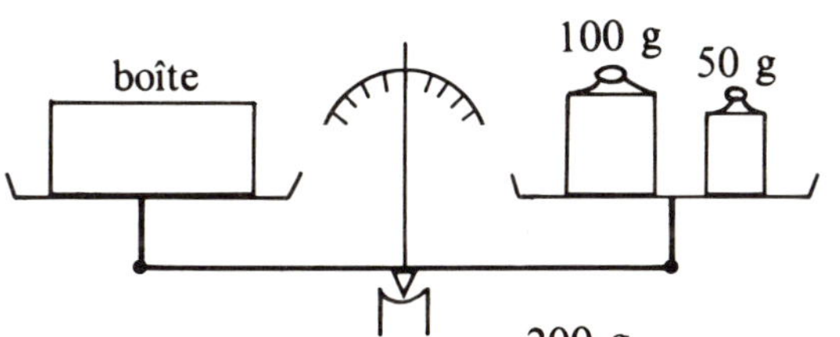

Résultat : 150 g

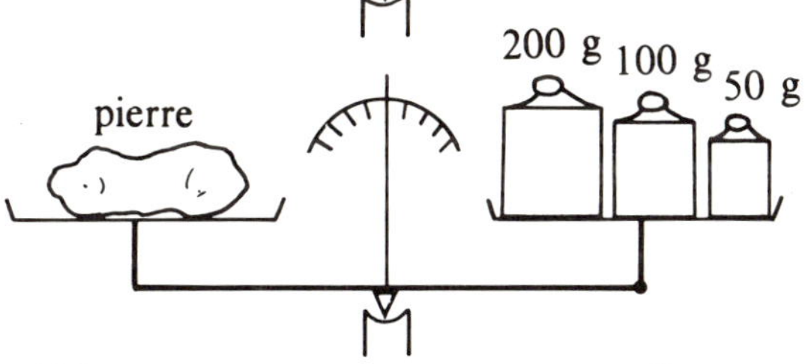

Résultat : 250 g

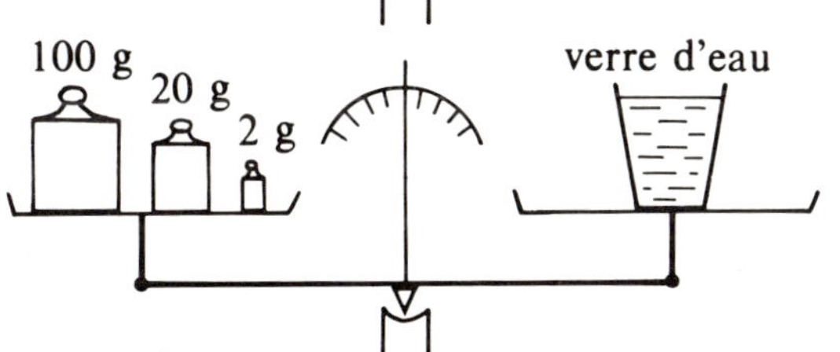

Résultat : 122 g

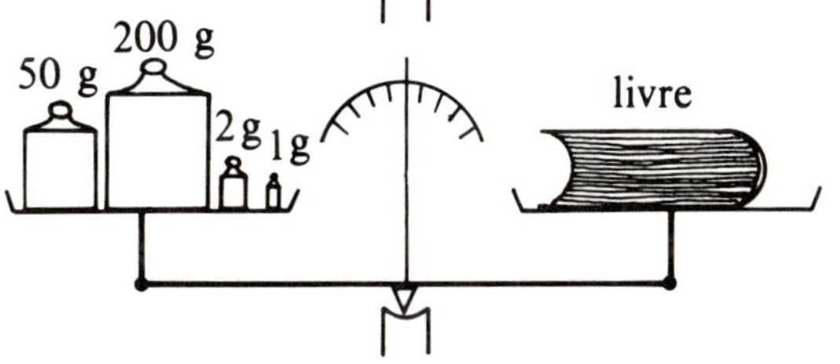

Résultat : 253 g

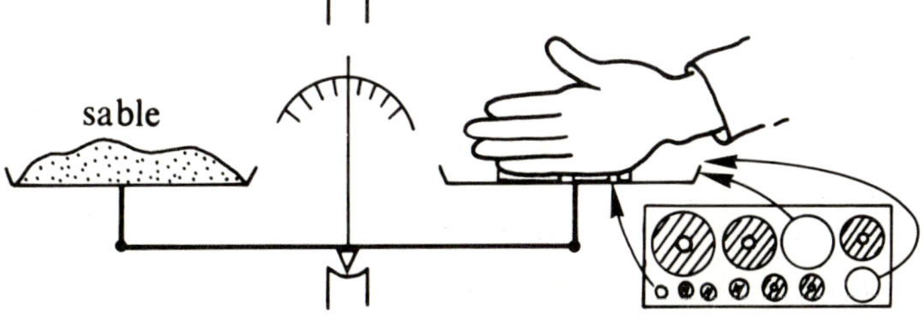

Résultat : 121 g

26 (R). RÉVISIONS
La masse des objets

Matériel (si possible) : Balances de différents types. Masses marquées. Objets divers.

1

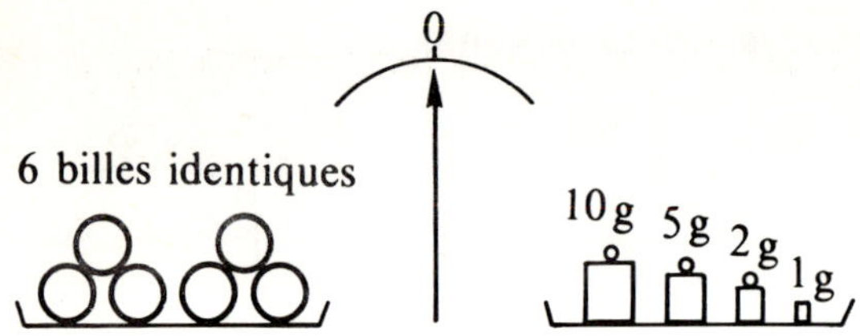

La balance est en équilibre

Quelle est la masse des 6 billes ?

18 g

Quelle serait la masse de 12 billes ?

36 g

2

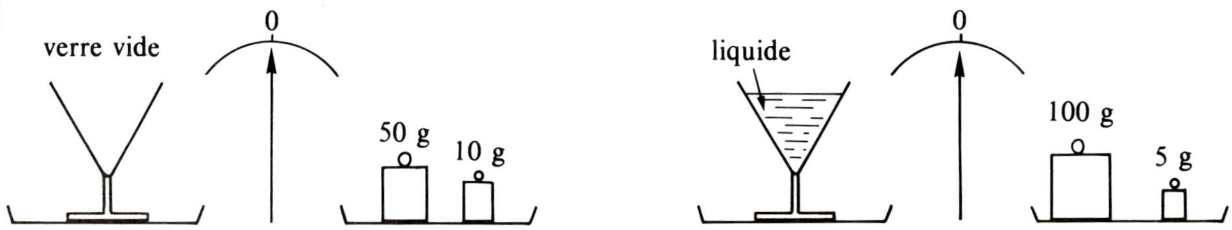

Quelle est la masse du verre vide ? *60 g*

Quelle est la masse du liquide contenu dans le verre ? *45 g*

3

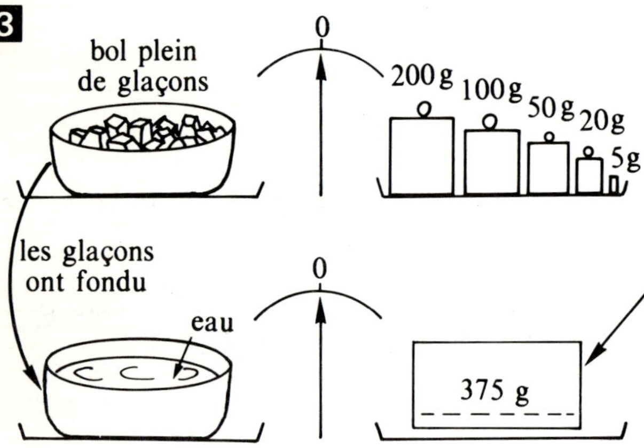

La masse du bol est 75 g.
Trouve la masse des glaçons.

300 g

Quelle masse faut-il mettre sur le plateau ?

4 **Quel appareil dois-tu utiliser de préférence pour connaître la masse de chacun des éléments du tableau. Mets une croix dans les bonnes cases.**

	une enveloppe timbrée	un poulet	un bébé de 3 mois	un grand sac de pommes terre	un sachet de sucre	un veau
un pèse-personne				×		
une bascule						×
une balance de cuisine		×			×	
un pèse-bébé			×			
un pèse-lettre	×					

27. L'éclairage électrique

Matériel : Prise de courant. Batterie d'accumulateurs. Alternateur de bicyclette. Appareils d'éclairage non électriques.

1 **Dessine ou colle des illustrations des appareils d'éclairage qui ne fonctionnent pas à l'électricité.**

Bougie

Lampe à pétrole

Lampe à acétylène

Éclairage camping à gaz

Lampe à huile (intérêt historique)

...

2 **Pour s'éclairer à l'aide du courant électrique, il faut : une source de courant et une ampoule.**

Mets les noms des sources de courant dessinées.		Colle des dessins ou des photographies d'ampoules.
	***Prise de courant***	
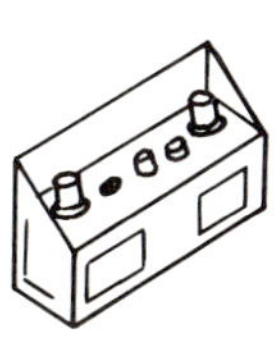	***Batterie d'accumulateurs pour automobile.***	
	***Alternateur de bicyclette.***	

28. Comment allumer une ampoule ?

Matériel : Piles plates (4,5 V).
Ampoules adaptées.

1 **Colorie en jaune ou en rouge les ampoules qui éclairent.**

2 **Complète la légende du dessin en plaçant les mots suivants dans les bonnes cases :** ***plot ; culot ; lamelle longue ; lamelle courte.***

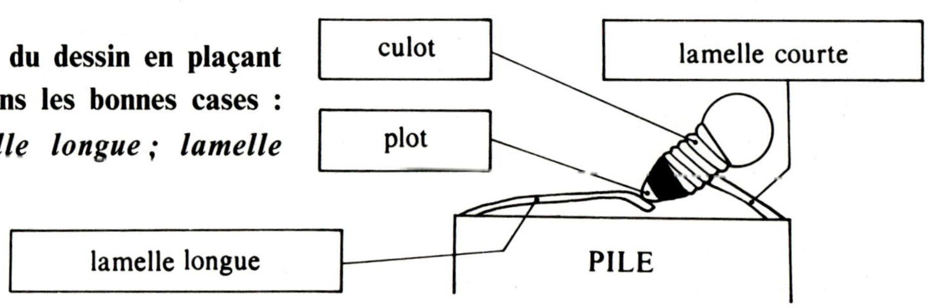

3 **Complète les phrases :**

- Le plot et le ***culot*** sont les deux ***bornes*** de l'ampoule.
- Les bornes de la pile sont les deux ***lames***, la grande et la ***petite***.
- Une ampoule s'allume si on met en contact une lamelle de la pile avec ***le culot de l'ampoule*** et l'autre lamelle avec ***le plot de l'ampoule***.
- La partie de l'ampoule qui éclaire c'est ***le filament***.
- L'appareil qui fournit le courant électrique à l'ampoule, c'est ***la pile***.

29. Le chemin du courant

Matériel : Piles plates. Ampoules. Fils de laine, cuivre, plomb, fer... Objets divers.

1 **Colorie en jaune ou en rouge les ampoules qui éclairent.**

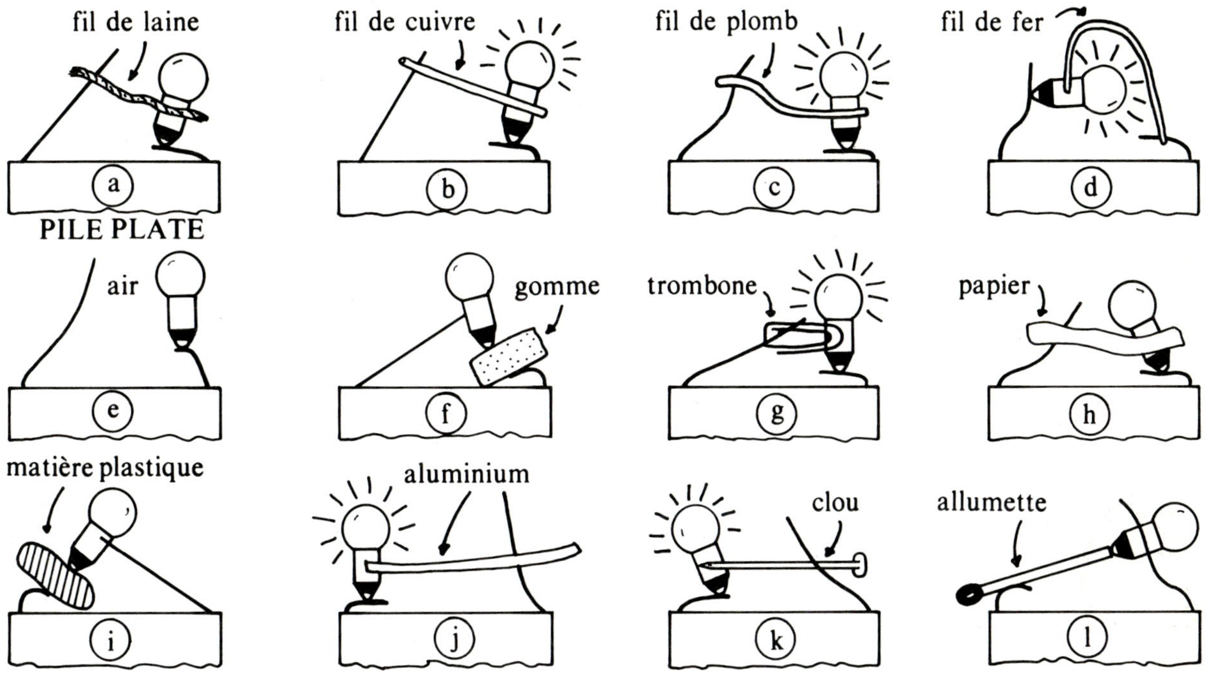

2 **Mets des croix dans les bonnes cases du tableau.**

	cuivre	fer	bois	plomb	laine	air	aluminium	papier	matière plastique	verre
conducteur	×	×		×			×			
isolant			×		×	×		×	×	×

3 **Colorie en jaune ou en rouge les ampoules qui éclairent.**

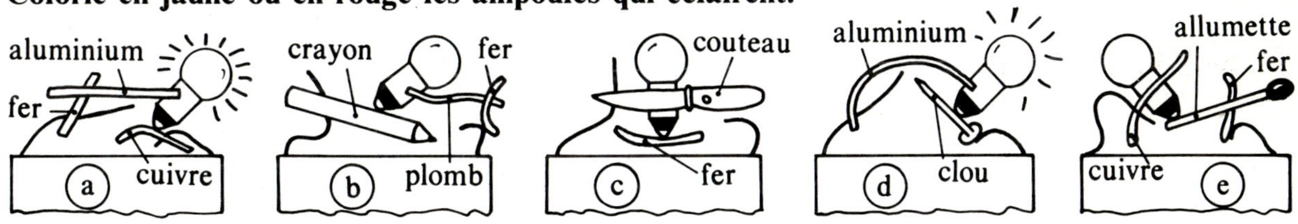

4 **L'interrupteur de courant.**
Observe les deux dessins et réponds aux questions posées.

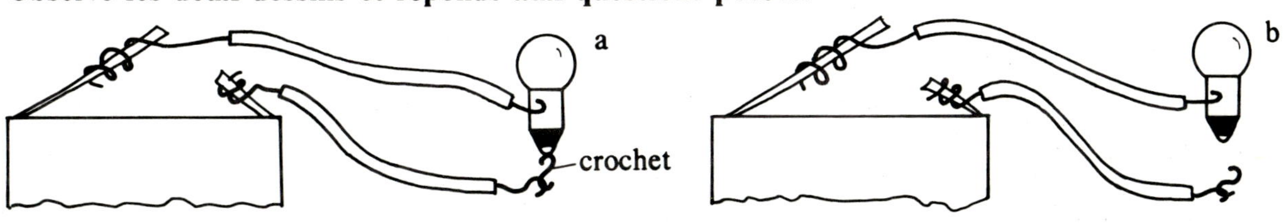

– **Les deux ampoules éclairent-elles ?** *L'ampoule b n'éclaire pas.*
– **Pourquoi ?** *Le circuit électrique de l'ampoule b n'est pas fermé.*
– **A quoi sert le crochet ?** *Le crochet sert à ouvrir ou fermer le circuit.*
– **Quel nom peut-on lui donner ?** *Interrupteur.*

30 (A). Un circuit avec une ampoule

Matériel : Ampoules (dont une grillée et une autre « ouverte », si possible). Piles rondes. Fils de cuivre.

1 **Le circuit à l'intérieur de l'ampoule.**
Écris chacun des mots de la liste de droite dans la bonne case.
Repasse en rouge le chemin suivi par le courant électrique dans l'ampoule.
Réponds aux questions et complète les phrases.

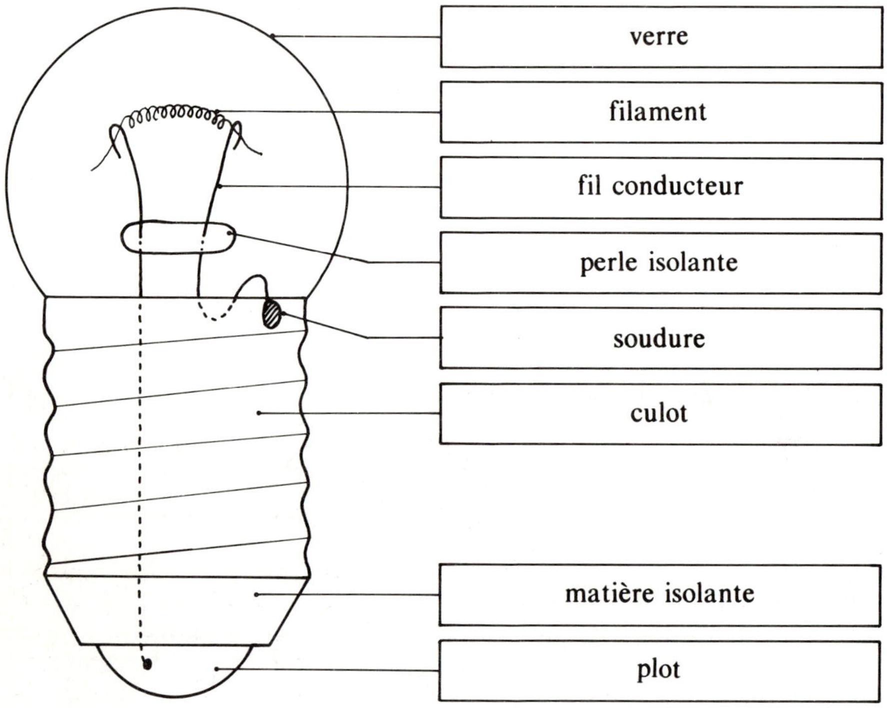

culot
fil conducteur
matière isolante
verre
plot
perle isolante
filament
soudure

Le culot est-il relié à un fil conducteur ? oui.
Le plot est-il relié à un fil conducteur ? oui.
La partie qui éclaire est le filament.
Les fils conducteurs peuvent-ils se toucher à l'intérieur de l'ampoule ? non
Qu'est-ce qui est cassé dans une ampoule « grillée » ? le filament.
Le plot et le culot sont-ils faits en métaux conducteurs ? oui.

2 **Colorie en jaune ou en rouge les ampoules qui éclairent. Tous les fils dessinés sont en cuivre.**

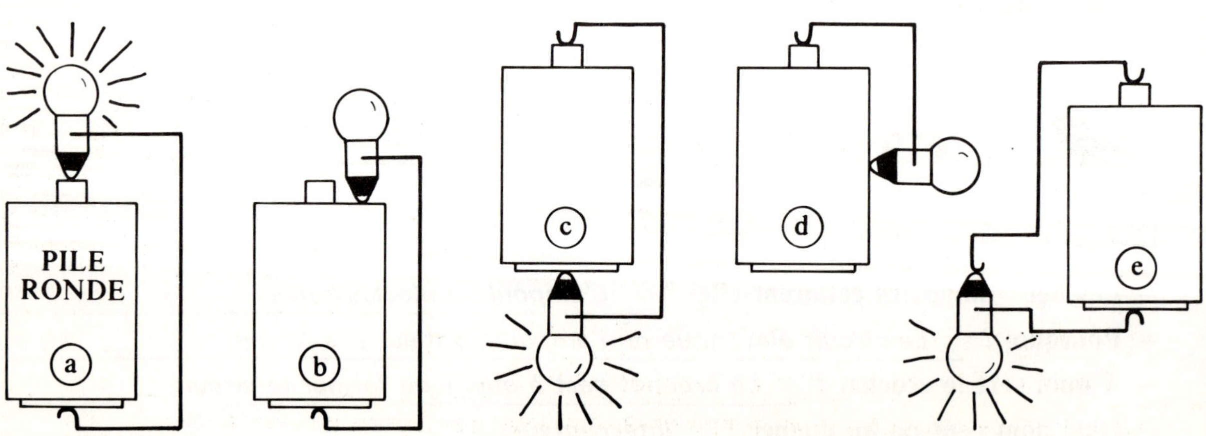

30 (B). Un circuit avec une ampoule

Matériel : Piles rondes et piles plates. Fils de natures différentes. Fils de cuivre gainés.

1 **les bornes de la pile ronde.**
Colorie en rouge les cercles correspondant aux pôles de la pile ronde dessinée.

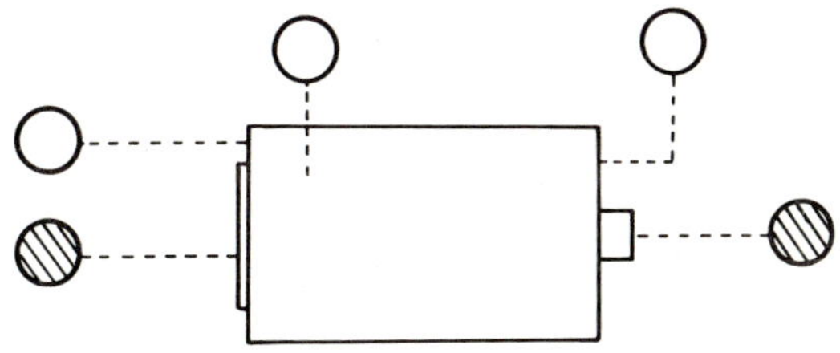

2 **Le circuit avec une pile ronde.**
Dessine en rouge les fils nécesaires pour que les ampoules s'allument.

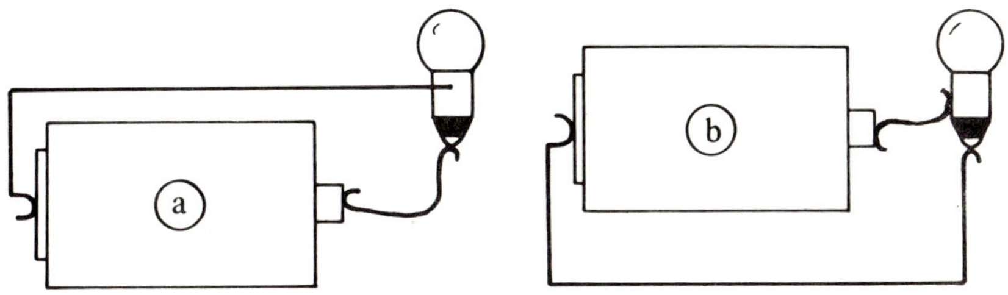

3 **Colorie en jaune ou en rouge les ampoules qui éclairent.**

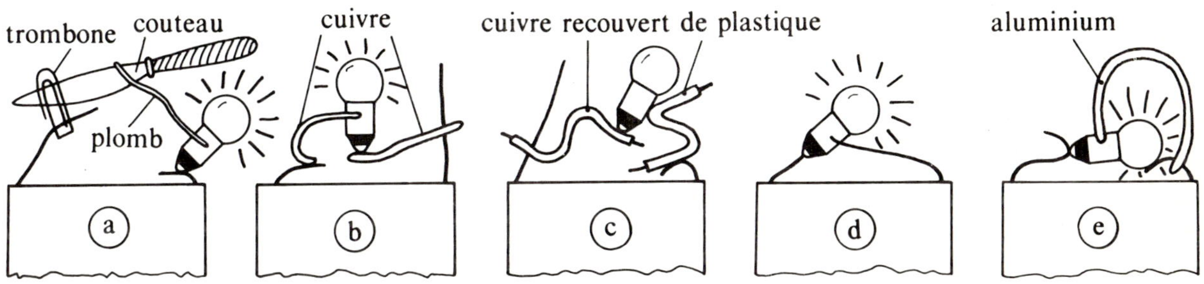

Mets une croix dans les bonnes cases du tableau.

dessins / le circuit	a	b	c	d	e
est ouvert			×		
est fermé	×	×		×	×

4 **Le court-circuit.**
Observe les trois dessins et réponds aux questions posées.

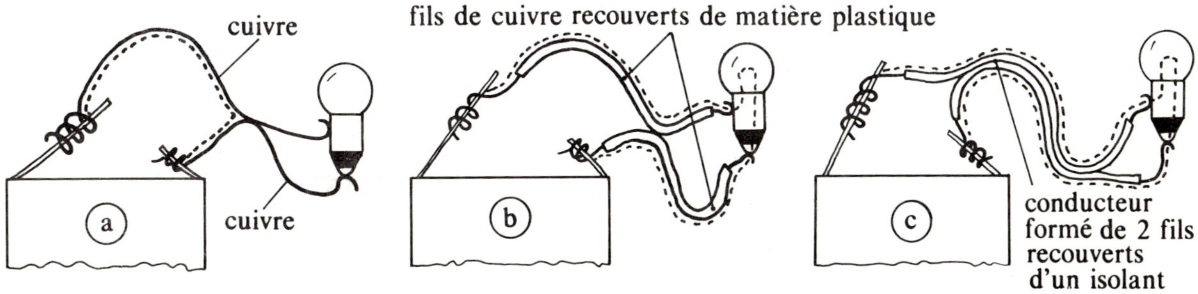

– **Dans quel cas l'ampoule n'éclaire-t-elle pas ?** *En a*

– **Pourquoi ?** *Parce qu'il y a un court-circuit.*

Dans chaque cas, repasse en rouge le chemin suivi par le courant électrique.

30(C). Fabrique un circuit électrique

Matériel : Voir ci-dessous.

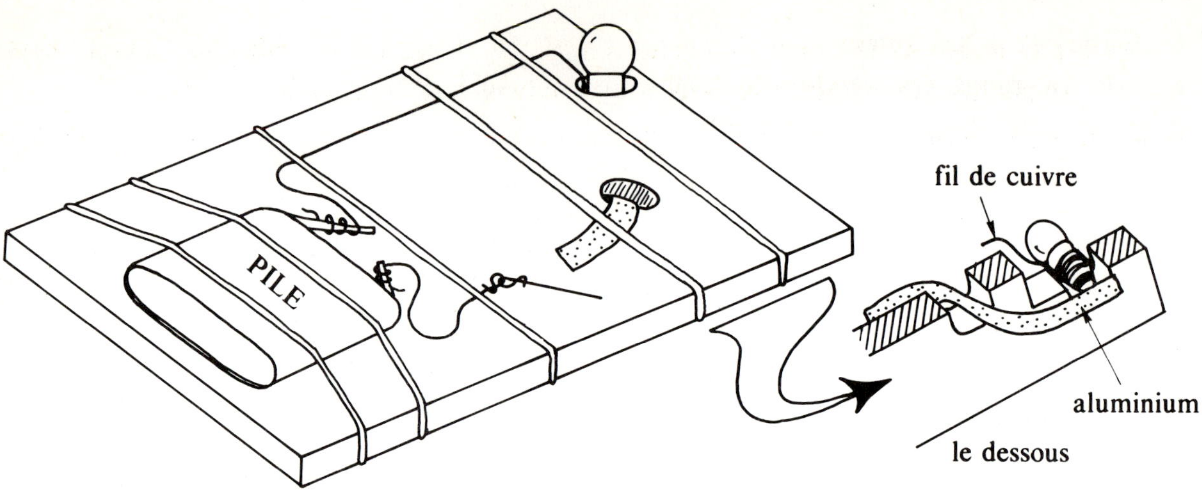

Ce qu'il faut avoir	Comment faire ?	Les outils utilisés
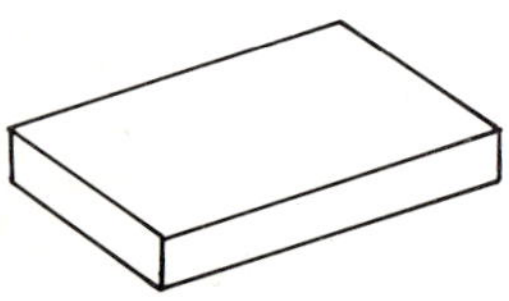 une plaque de polystyrène de 1 centimètre d'épaisseur, 20 centimètres de longueur, 10 centimètres de largeur.  une pile plate  une ampoule  un fil de cuivre de 30 centimètres environ.  un morceau de papier aluminium de 1 centimètre de large et 10 centimètres de long. 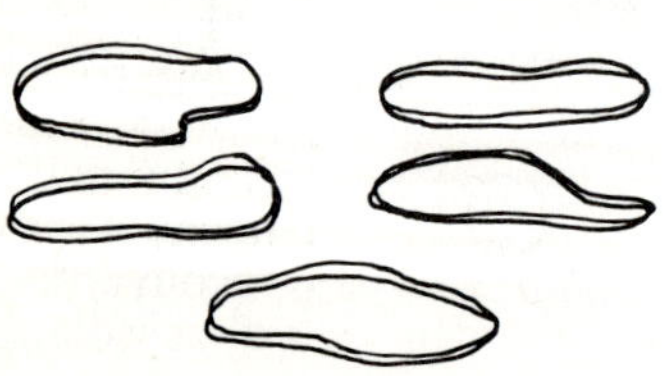 5 bracelets élastiques.	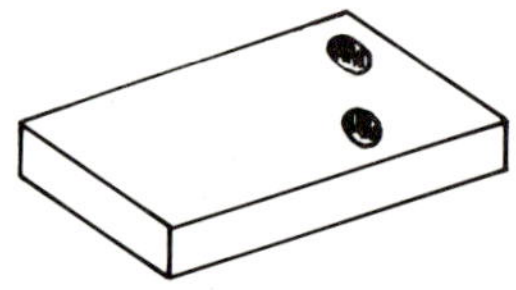 Tu fais 2 trous dans la plaque de polystyrène. 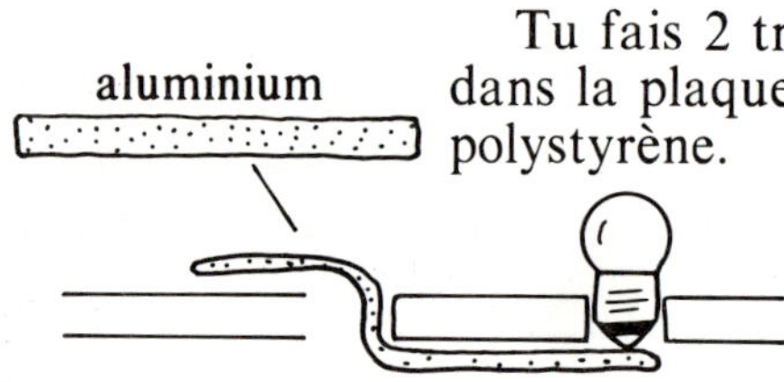 Tu mets l'ampoule, le papier aluminium et la pile en place. 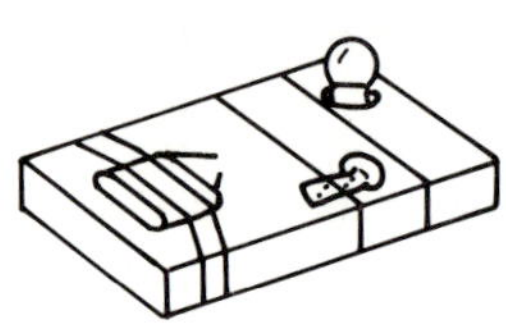 Tu maintiens le tout en place au moyen de bracelets élastiques. 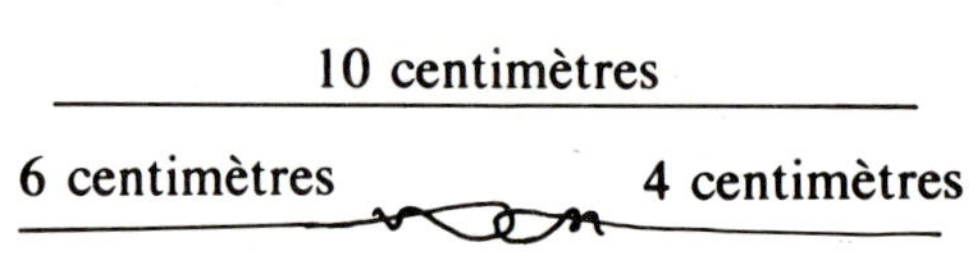 Tu coupes des fils de cuivre et tu rattaches les deux plus courts l'un à l'autre. Tu mets les fils de cuivre en place comme sur le dessin du haut de la page. Si l'ampoule ne s'allume pas lorsque le circuit est fermé, vérifie les contacts.	

31. La lampe de poche

Matériel : Lampes de poche en état de marche.

1 – **Observe le dessin de la lampe de poche et écris les mots suivants dans les bonnes cases : pile - ampoule - lames conductrices - verre - interrupteur - fermoir - boîtier.**

– **Repasse en rouge le chemin suivi par le courant électrique lorsque l'ampoule est allumée.**

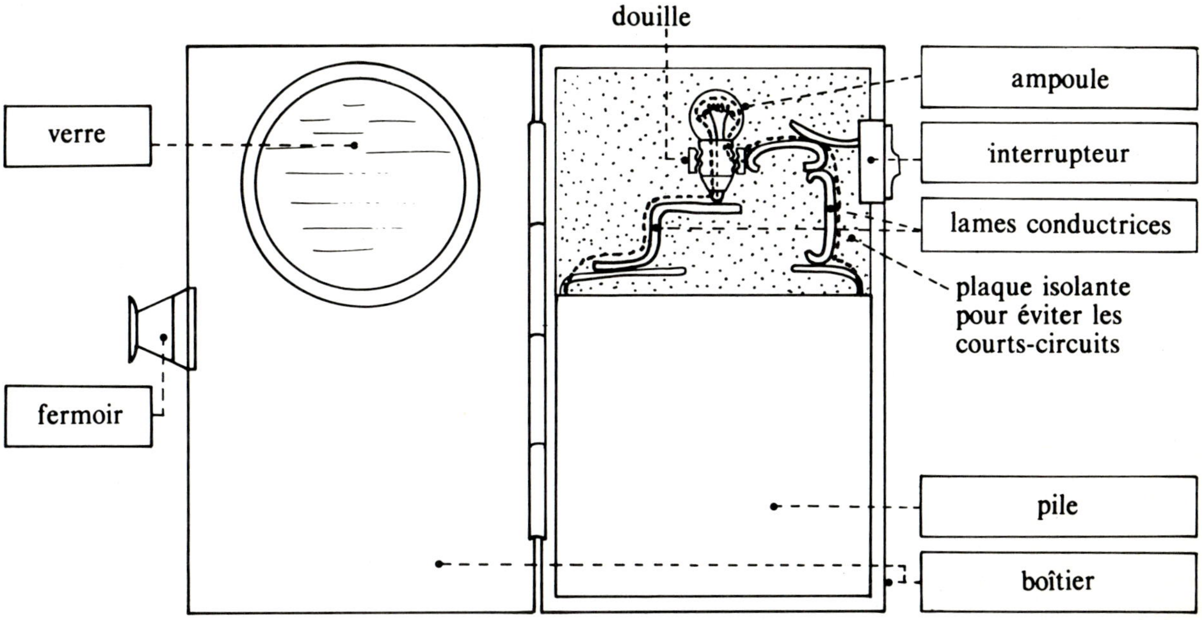

2 **Ta lampe de poche ne fonctionne pas et pourtant l'interrupteur est fermé. Quelles peuvent être les pannes possibles ?**

pile usée

ampoule grillée

mauvais contacts

3 **Tableau des schémas.**

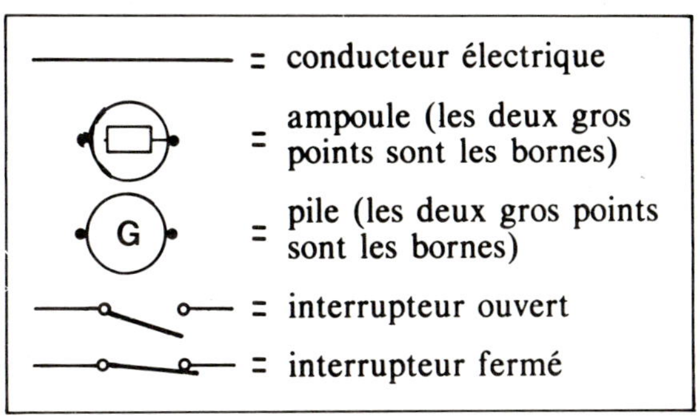

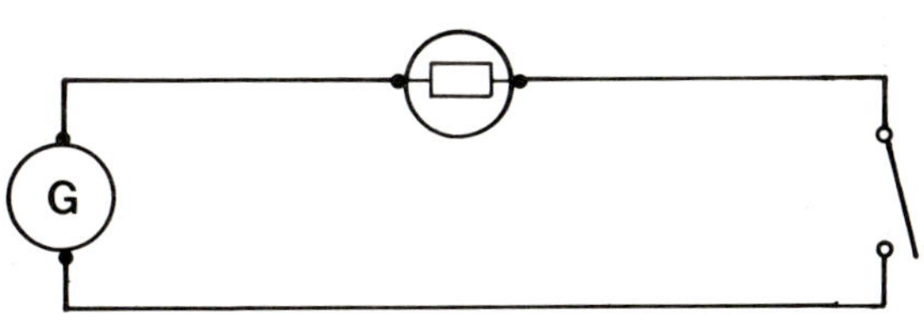

Le circuit est *ouvert.*

Complète le schéma en faisant un circuit fermé.

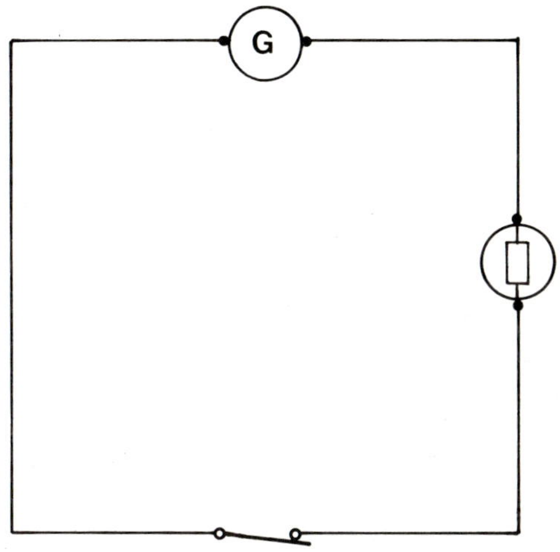

32. Des circuits avec plusieurs ampoules

Matériel : Piles. Lampes montées sur douilles (ou sur bouchons). Dominos. Tournevis étroits.

1 Les ampoules sont en série.

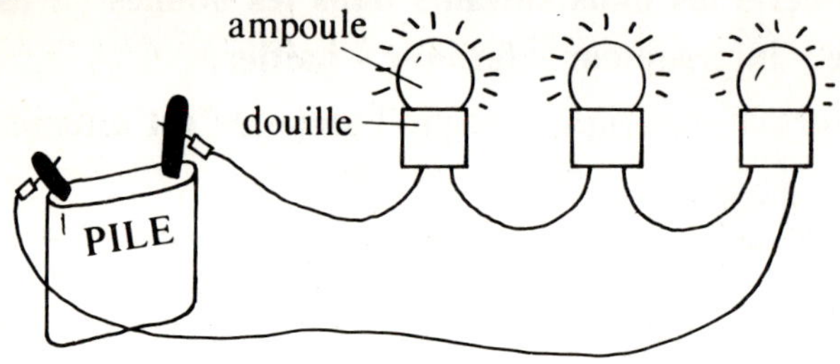

Les trois ampoules sont *en série*

Fais le schéma du circuit en utilisant les symboles  **et** 

Les ampoules éclairent-elles bien ?
Les ampoules éclairent faiblement.

Que se passe-t-il si tu retires l'une des ampoules ?
Les autres ampoules s'éteignent.

Le schéma :

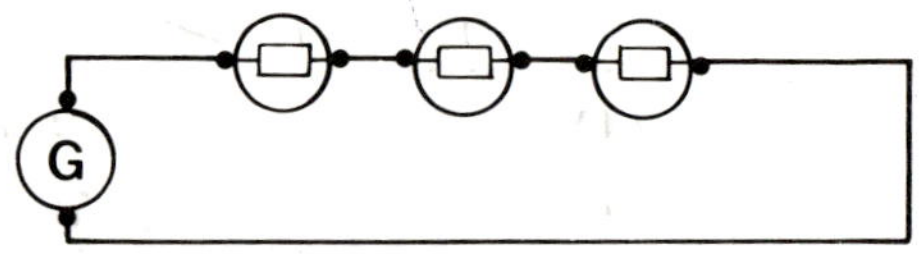

2 Les ampoules sont en parallèle.

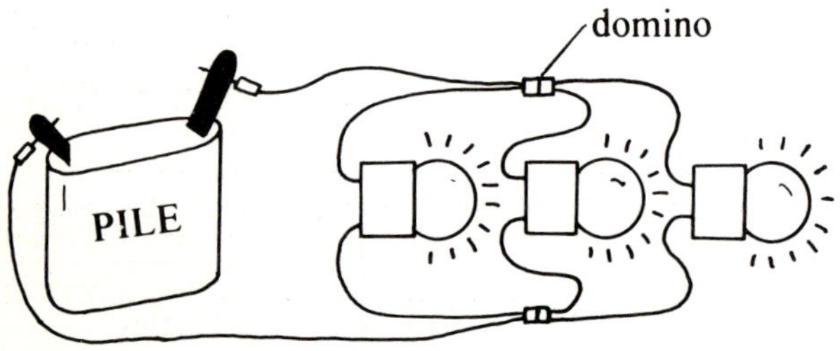

Les trois ampoules sont en *parallèle.*

Fais le schéma du circuit en utilisant les symboles  **et** 

Les trois ampoules éclairent-elles bien ?
Les trois ampoules éclairent normalement.

Que se passe-t-il si tu retires l'une des ampoules ?
Les autres ampoules continuent à éclairer normalement.

Le schéma :

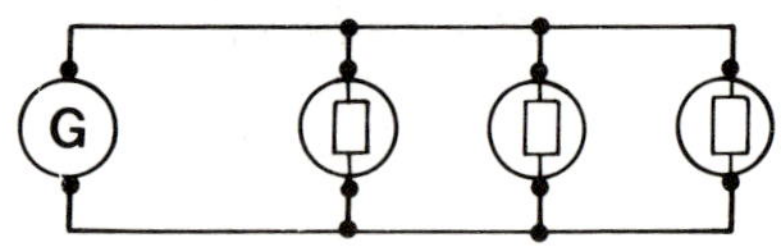

3 Dans une guirlande électrique, les ampoules sont-elles en série ou en parallèle ? *en série*

Sur une bicyclette, les ampoules sont-elles en série ou en parallèle ?
en parallèle.

4 Comment fabriquer une douille avec un bouchon et un clou ?

Ce qu'il faut avoir	Comment faire ?		
un bouchon un clou une ampoule deux fils électriques **Quels outils utiliser ?** – *une râpe* *« queue-de-rat »* – *une pince coupante* – *une pince à dénuder*	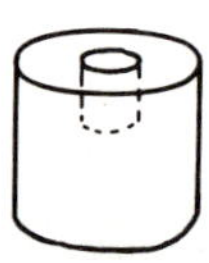 Tu fais un trou de 1 centimètre de profondeur dans le bouchon.	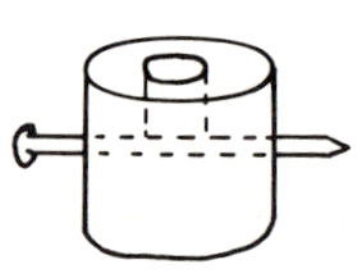 Tu enfonces le clou dans le bouchon de sorte qu'il passe au fond du trou.	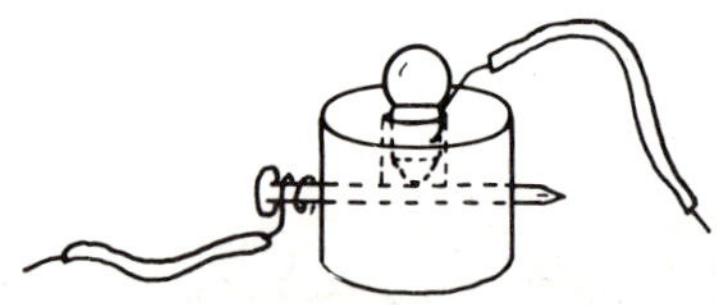 Tu enfonces l'ampoule dans le trou de sorte que le plot touche le clou. Tu relies le clou et le culot de l'ampoule aux deux fils conducteurs.

33. L'électricité à la maison

Matériel : Compteurs et disjoncteurs déclassés par E.D.F.
Coupe-circuit. Prises, Fiches. Interrupteurs, etc.

1 Les appareils électriques.

Fais une liste de tous les appareils électriques utilisés dans une maison. *Fer à repasser ; ampoule ; four électrique ; réfrigérateur ; rampe lumineuse ; radiateur ; rasoir électrique ; four à micro-ondes ; perceuse ; aspirateur ; machine à laver le linge ; téléviseur ; machine à laver la vaisselle ; récepteur de radio ; cuisinière électrique ; ventilateur ; sèche-cheveux ; magnétophone ; magnétoscope...*

Parmi ces appareils, quels sont ceux qui produisent de la lumière ?
L'ampoule ; la rampe lumineuse.

Quels sont ceux qui produisent de la chaleur ? *Le fer à repasser ; le four électrique ; le radiateur ; le four à micro-ondes ; la machine à laver le linge ; la machine à laver la vaisselle ; la cuisinière électrique ; le sèche-cheveux.*

Quels sont ceux qui sont munis d'un moteur ? *Le rasoir électrique ; la perceuse ; l'aspirateur ; la machine à laver le linge ; la machine à laver la vaisselle ; le ventilateur ; le sèche-cheveux ; le magnétophone ; le magnétoscope.*

Quels sont les appareils audio-visuels ? *Le téléviseur, le récepteur de radio ; le magnétophone ; le magnétoscope.*

2 Les éléments de l'installation électrique.

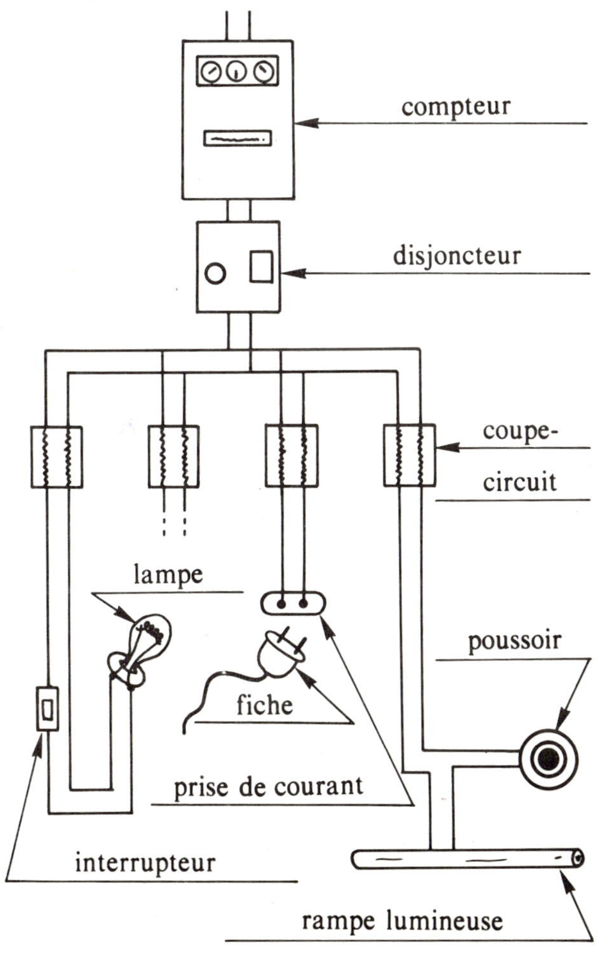

a. Mets les légendes sur le dessin.

b. Complète le texte :

Le courant électrique arrive au *compteur* et passe ensuite dans le *disjoncteur.*

Cet appareil coupe automatiquement le *courant* dans toute la maison en cas de *danger.*

Les *coupe-circuit* contiennent un fil de *plomb* qui *fond* si les fils s'échauffent. Le courant est alors *coupé.*

c. Pourquoi le courant fourni par une prise de courant à la maison est-il dangereux, alors que le courant fourni par une pile ne l'est pas ?
Parce que la tension du courant fourni par une prise est grande (220 volts) alors que la tension du courant fourni par une pile est faible (4,5 V).

34. Fabrique un jeu électrique

Matériel : Voir ci-dessous.

Le Tour de France.

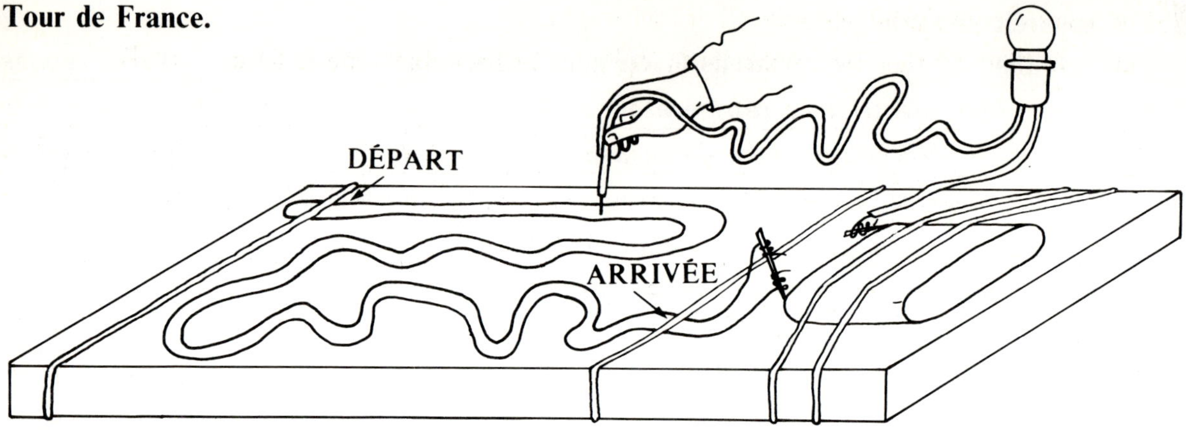

Ce qu'il faut avoir

Une plaque de polystyrène de 1 centimètre d'épaisseur, 10 centimètres de largeur et 30 centimètres de longueur au moins.

Une pile plate

Une ampoule avec douille

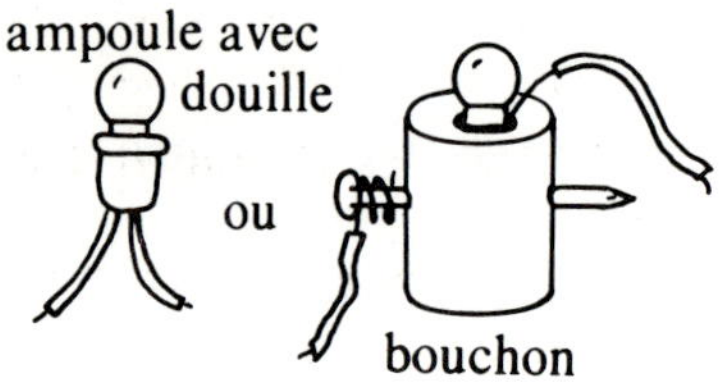

ou

bouchon

2 mètres de fil de cuivre non recouvert.

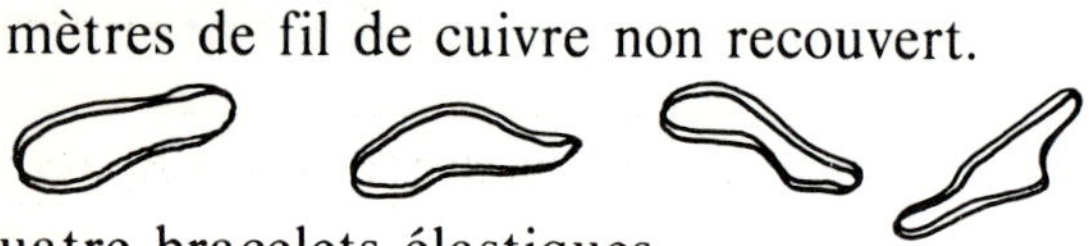

Quatre bracelets élastiques.

Comment faire ?

Tu plies le fil de cuivre en deux.

Tu plies les deux brins en zig-zag.

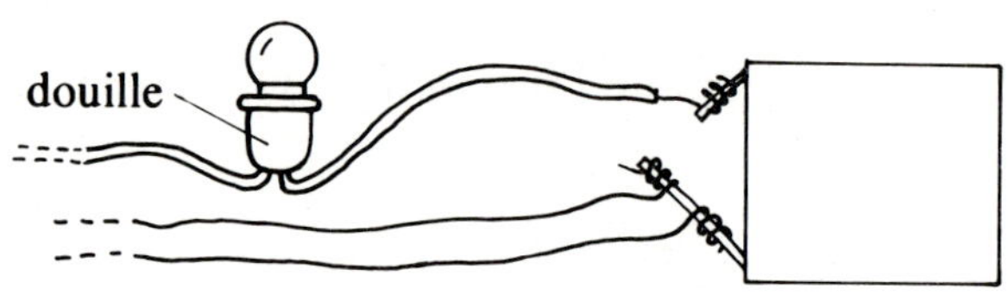

Tu attaches les deux bouts du fil de cuivre à la grande lamelle de la pile.
Tu attaches l'un des fils de la douille à la petite lamelle de la pile.
Tu poses la pile, le fil de cuivre et la douille sur la plaque de polystyrène. Tu les maintiens en place avec les bracelets élastiques comme sur le dessin du haut de la page.
Ton jeu est prêt !

Le jeu

Tu déplaces le deuxième fil de la douille dans le « chemin » formé par les deux brins du fil de cuivre.
Si tu touches l'un des bords du chemin, l'ampoule s'allume : c'est une faute.
Tu comptes le nombre de fautes entre le départ et l'arrivée.
Bonne chance !

Mais sais-tu pourquoi l'ampoule s'allume lorsque le fil relié à la douille touche le fil de cuivre ?
Repasse en rouge le chemin suivi par le courant électrique lorsqu'il y a contact.

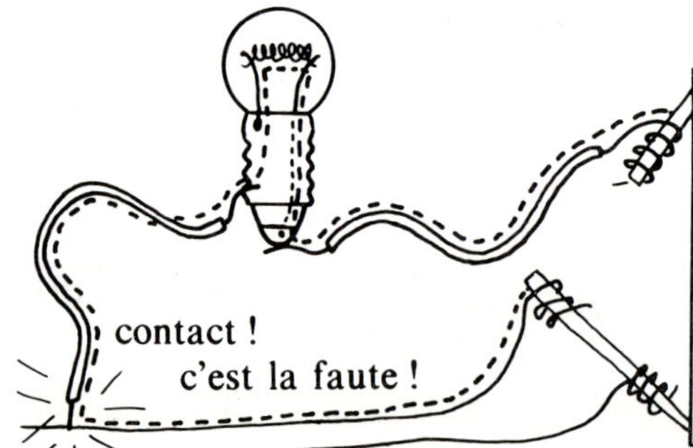

Barre la mauvaise phrase :

~~Lorsqu'il y a contact le circuit est ouvert.~~

Lorsqu'il y a contact le circuit est fermé.

35 (A). L'outil informatique
Les micro-ordinateurs

Matériel : Micro-ordinateurs et périphériques.

1 Importance de l'informatique.
A l'aide d'un trait, relie les cases de la ligne A aux bonnes cases de la ligne B.

A Un ordinateur peut :	Faire des travaux de secrétariat.	Gérer un compte bancaire.	Communiquer les horaires des trains.	Proposer des exercices.	Commander des feux de croisement.	Diriger le travail d'un robot.
B Les intéressés sont :	Les écoliers.	Les usines d'automobile.	Les banques.	Les automobilistes.	Les voyageurs.	Les agences de voyage.

Trouve d'autres utilisateurs des ordinateurs ou des micro-ordinateurs.
Un micro-ordinateur permet de se distraire (jeux), de faire de la musique, de dessiner, de calculer, de contrôler ses connaissances, etc.

2 Le micro-ordinateur et les principaux périphériques.
Complète le tableau :

Les périphériques d'entrée. Ils fournissent des instructions au micro-ordinateur.	Le « cerveau » du micro-ordinateur. Il traite les instructions reçues.	Les périphériques de sortie. Ils transmettent ou stockent les résultats du traitement.
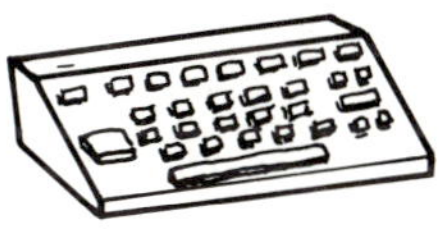 nom : *le clavier*  nom : *crayon optique* 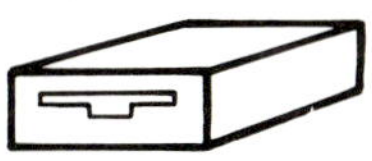  nom : *lecteur de cassettes ou lecteur de disquettes*  nom : *manette de jeux*	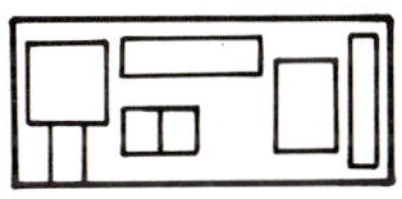 **Unité centrale** Microprocesseur L'unité centrale se trouve en générale intégrée au clavier.	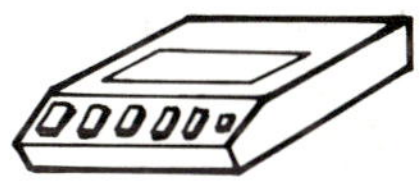 nom : *enregistreur de cassettes ou enregistreur de disquettes*  nom : *imprimante.* 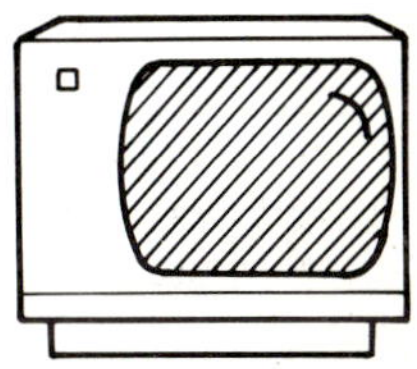 nom : *écran*

3 Dans la liste ci-après, encadre les quatre éléments qui te semblent les plus indispensables :
manette de jeux ; imprimante ; clavier ; crayon optique ; unité centrale ; lecteur-enregistreur de cassettes ; écran.

35 (B). Le clavier du micro-ordinateur

Matériel : Micro-ordinateur.

1 A quoi sert le clavier du micro-ordinateur ? *Le clavier permet de donner des instructions à l'unité centrale, c'est-à-dire au « cerveau » du micro-ordinateur.*

2 Les touches du clavier. Complète en écrivant les lettres et les chiffres qui manquent.

1 !	2 //	3 #	4 $	5 %	6 &	7 « »	8 (	9)	Ø " "	– =	+ ;

A	Z	E	R	T	Y	U	I	O	P	/ ? PRINT

RAZ CLS	←	Q	S	D	F	G	H	J	K	L	M	ENTRÉE

W	X	C	V	B	N

A quoi sert cette touche longue ? *Cette touche, appelée barre d'espacement, permet de laisser un espace entre deux mots.*

3 Des touches spéciales.

↑ ← → ↓

A quoi servent ces quatre touches ? *Ces quatre touches me permettent de déplacer le curseur, c'est-à-dire le petit carré qui se trouve sur l'écran.*

M | ENTRÉE

A quoi sert la touche marquée ENTRÉE ? *La touche « entrée » permet de valider l'instruction donnée au micro-ordinateur. Sinon le micro-ordinateur n'exécute pas l'instruction.*

P | / ? PRINT | *

A quoi sert la touche marquée « Print » ? *Print est un mot anglais signifiant « écris ».*
La touche « Print » donne l'ordre à l'ordinateur d'afficher sur l'écran le texte que tu tapes.

RAZ CLS

A quoi sert la touche « RAZ » (ou CLS) ? *La touche marquée RAZ ou CLS permet d'effacer l'écran.*

35 (C). Je dessine avec un micro-ordinateur

Matériel : Micro-ordinateurs. Cartouches LOGO.

1 Le logo.

Le logo est un *langage informatique.*

Connais-tu un autre langage informatique ? *Le BASIC.*

Que dois-tu faire pour apprendre le LOGO au micro-ordinateur ?

Il faut charger le micro-ordinateur à l'aide d'une cartouche (cassette ou disquette) spéciale marquée LOGO.

Le micro-ordinateur connaît-il le langage BASIC ? *Oui, l'ordinateur connaît le BASIC. Ce langage est résident dans l'appareil.*

2 La tortue.

Que se passe-t-il lorsque le micro-ordinateur est chargé LOGO et que tu tapes MT (montre tortue) **puis ENTRÉE ?**

La tortue apparaît sur l'écran.

Dessine la tortue :

3 Pour faire se déplacer la tortue.

AV = *avance* RE = *recule* TD = *tourne à droite*

TG = *tourne à gauche* AV 30 = *avance de 30 pas*

TD 90 = *tourne à droite de 90°* TG 60 = *tourne à gauche de 60°*

Pour faire disparaître la tortue : CT = *cache tortue*

4 Dessine un carré.

Complète en mettant les ordres qu'il faut donner à la tortue.

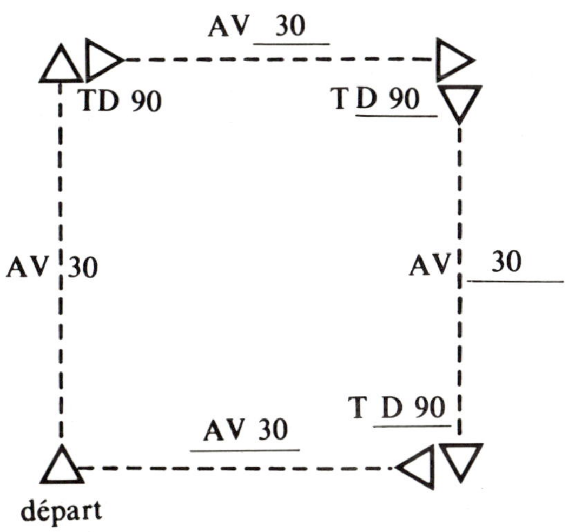

Chaque ordre est écrit sur une ligne.

A la fin de chaque ligne tu dois taper sur la touche : *ENTRÉE*

5 Complète en mettant les ordres qu'il faut donner à la tortue pour faire le dessin.

Mesure sur le dessin.

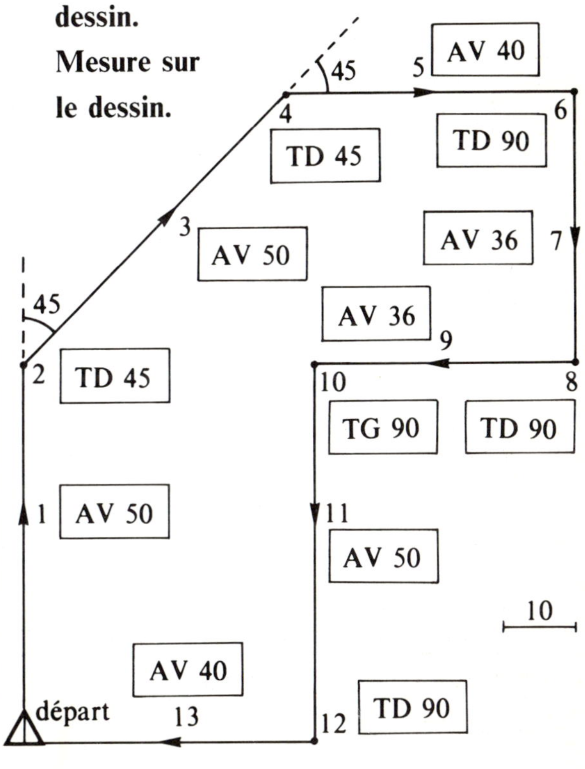

35 (D). Apprenons à déplacer la tortue

Matériel : Micro-ordinateurs. Cartouches LOGO.

1 **Trouve la suite des ordres à donner pour faire les deux dessins.**

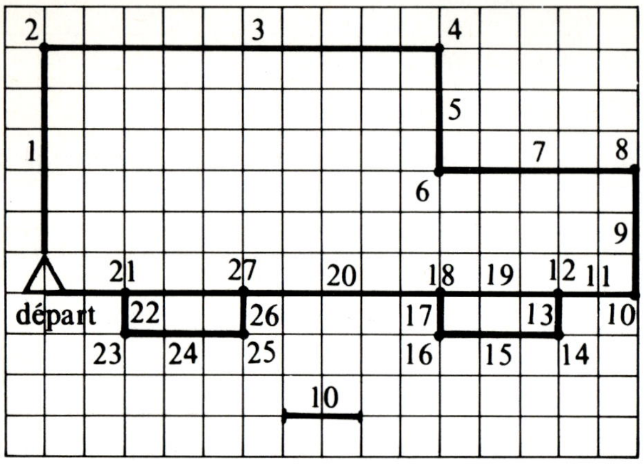

1	***AV 30***	15	***AV 15***
2	***TD 90***	16	***TD 90***
3	***AV 50***	17	***AV 5***
4	***TD 90***	18	***TD 90***
5	***AV 15***	19	***AV 15***
6	***TG 90***	20	***RE 55***
7	***AV 25***	21	***TD 90***
8	***TD 90***	22	***AV 5***
9	***AV 15***	23	***TG 90***
10	***TD 90***	24	***AV 15***
11	***AV 10***	25	***TG 90***
12	***TG 90***	26	***AV 5***
13	***AV 5***	27	***TG 90***
14	***TD 90***	28	***AV 25***

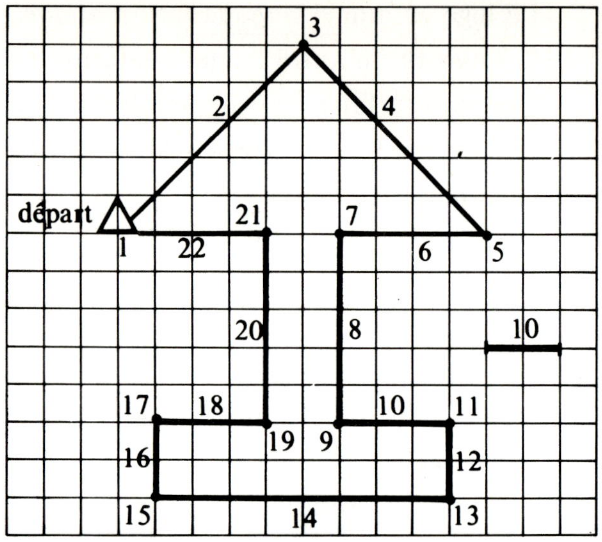

1	***TD 45***	12	***AV 10***
2	***AV 35***	13	***TD 90***
3	***TD 90***	14	***AV 40***
4	***AV 35***	15	***TD 90***
5	***TG 45***	16	***AV 10***
6	***RE 20***	17	***TD 90***
7	***TD 90***	18	***AV 15***
8	***AV 25***	19	***TG 90***
9	***TG 90***	20	***AV 25***
10	***AV 15***	21	***TG 90***
11	***TD 90***	22	***AV 20***

2 **Fais le dessin donné par la suite des ordres ci-dessous.**

1	AV 10	16	TG 90
2	TD 45	17	AV 10
3	AV 50	18	TD 90
4	TD 45	19	AV 10
5	AV 15	20	TD 90
6	TG 45	21	AV 10
7	RE 50	22	TG 90
8	TD 45	23	AV 10
9	AV 20	24	TD 90
10	TG 90	25	AV 10
11	AV 10	26	TD 90
12	TD 90	27	AV 10
13	AV 10	28	TG 90
14	TD 90	29	AV 35
15	AV 10		

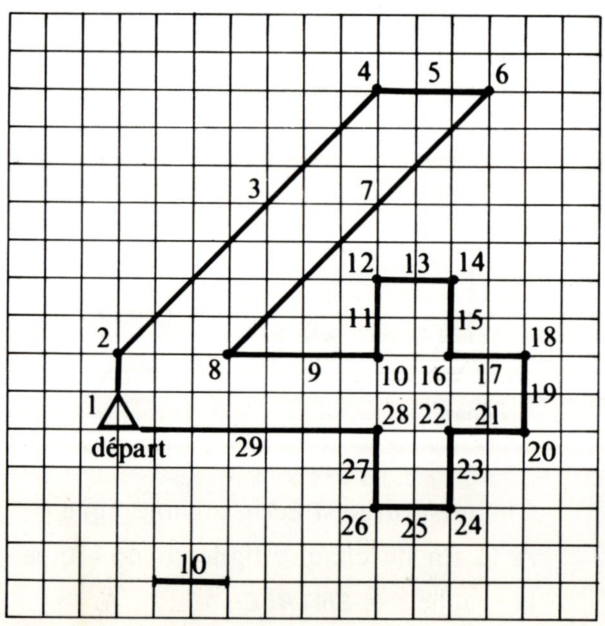

N° d'Editeur : 7712 – Dépôt légal Août 1988.

IMP. REGAZZI - VILLENOY - 64.33.83.23